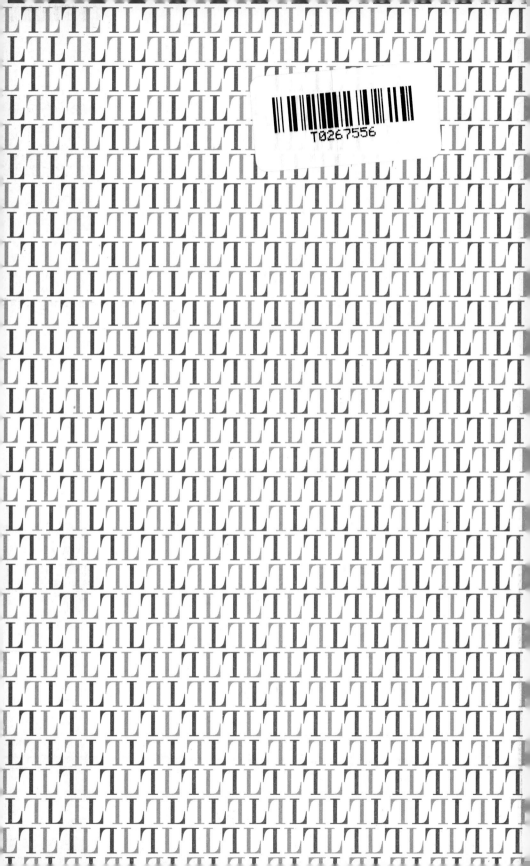

¿De quién es esta historia?

¿De quién es esta historia?

Viejos conflictos, capítulos nuevos

Rebecca Solnit

Traducción del inglés de
Antonia Martín

Lumen

ensayo

Papel certificado por el Forest Stewardship Council®

MIXTO
Papel procedente de
fuentes responsables
FSC® C117695

Penguin
Random House
Grupo Editorial

Título original: *Whose Story Is This?*

Primera edición: marzo de 2023

© 2019, Rebecca Solnit
© 2023, Penguin Random House Grupo Editorial, S. A. U.
Travessera de Gràcia, 47-49. 08021 Barcelona
© 2023, Antonia Martín Martín, por la traducción

Printed in Spain – Impreso en España

ISBN: 978-84-264-2445-7
Depósito legal: B-683-2023

Compuesto en M. I. Maquetación, S. L.
Impreso en Unigraf, Móstoles (Madrid)

H 4 2 4 4 5 7

¿De quién es esta historia?

Catedrales y despertadores

Estamos construyendo juntos algo inmenso que, aunque invisible e inmaterial, es una estructura, una estructura en la que residimos... o, mejor dicho, son muchas estructuras imbricadas. Se componen de ideas, puntos de vista y valores que surgen de conversaciones, artículos, editoriales de prensa, discusiones, eslóganes, mensajes en redes sociales, libros, protestas y manifestaciones. Sobre la raza, la clase social, el género y la sexualidad; sobre la naturaleza, el poder, el clima y la interconexión de todas las cosas; sobre la compasión, la generosidad, la colectividad, la comunicación con los demás; sobre la justicia, la igualdad, las posibilidades. Si bien hay voces individuales y personas que se adelantaron, se trata de proyectos colectivos que son importantes no cuando una única persona dice algo, sino cuando un millón lo incorpora a su manera de entender el mundo y de actuar en él. El «nosotros» que habita esas estructuras se agranda cuando lo que antes era subversivo o transgresor se establece como normal; cuando quienes se encuentran fuera de las murallas se despiertan un día dentro de ellas y olvidan que una vez estuvieron en otro lugar.

Quizá las consecuencias de esas transformaciones sean más relevantes allí donde resultan más sutiles. Cambian el mundo, sobre todo mediante la suma de pequeños gestos y declaraciones y mediante la aceptación de nuevos puntos de vista sobre lo que puede ser y lo que debería ser. Lo desconocido se vuelve conocido, los expulsados entran, lo insólito se convierte en común. Podemos apreciar los cambios en las ideas acerca de los derechos de quiénes importan, qué es razonable y quiénes deberían decidir con solo quedarnos lo bastante inmóviles para reunir las pruebas de las transformaciones que se producen gracias a un millón de pasitos antes de que den lugar a una decisión legal crucial, unas elecciones o cualquier otro cambio que nos sitúe en un sitio donde nunca habíamos estado.

He observado que este hermoso proceso colectivo de cambio se desarrollaba con especial intensidad en los últimos años, generado gracias a la labor de innumerables personas tanto por separado como conjuntamente, y gracias a la deslegitimación del pasado y a la esperanza de un futuro mejor que se hallan detrás del nacimiento de Occupy Wall Street (2011), Idle No More (2012), Black Lives Matter (2013) y #MeToo (2017), de la reciente emergencia e insurgencia feministas, de los movimientos por los derechos de los inmigrantes y las personas trans, del Nuevo Pacto Verde (2018) y del poder y alcance crecientes del movimiento por el clima. En Estados Unidos, la defensa de la asistencia sanitaria universal, la eliminación del colegio electoral de compromisarios, la abolición de la pena de muerte y una revolución energética que deje atrás los combustibles fósiles han pasado de los márgenes al centro en los últimos años. Una nueva claridad sobre cómo se fragua la injusticia, desde los asesinatos cometidos por la policía hasta la infinidad de justificaciones de las violaciones y la culpabilización de sus víctimas, pone al descubierto la maquinaria de esa injusticia y permite que se la reconozca cada vez que se presenta, y la posibilidad de reconocerla arranca los disfraces de las antiguas costumbres y sus pretextos.

A principios de la década de 1990, mi experiencia en cuanto a formación intelectual consistió en observar las reacciones contra la celebración del quinto centenario de la llegada de Colón a las Américas y el aumento de la visibilidad y audibilidad de los indígenas americanos que redefinieron de manera radical la historia de este hemisferio y sus ideas sobre la naturaleza y la cultura. Así aprendí que la cultura es importante, que constituye la infraestructura de creencias que determinan la política, que el cambio comienza en los márgenes y entre las sombras y se expande hacia el centro, que el centro es un lugar de llegada y rara vez un espacio verdaderamente generador, y que hasta los relatos más fundamentales pueden cambiar. Sin embargo, hoy en día me doy cuenta de que lo más importante no son los márgenes, el sitio donde se empieza, ni el centro, el lugar de llegada, sino la generalización.

Vivimos dentro de ideas. Unas son refugios, otras son observatorios y otras, cárceles sin ventanas. Abandonamos unas para entrar en otras. En los últimos años, en su momento de mayor esplendor, este proceso colaborativo ha sido tan rápido y potente que las personas más atentas pueden advertir cómo se enmarcan las puertas, se elevan las torres, cobran forma los espacios donde residirán nuestros pensamientos... y se derriban otras estructuras. Las opresiones y las exclusiones que, de tan aceptadas, resultan casi invisibles se vuelven visibles y van camino de ser inaceptables mientras otras costumbres sustituyen a las antiguas. Quienes observan con detenimiento ven que la estructura se expande de tal modo que, dentro de unos años, las personas que protestan, se burlan o no entienden no cuestionarán siquiera su vida dentro de esos marcos. Otros intentan impedir que se erijan los nuevos edificios; tienen más fortuna con las leyes que con la imaginación: es decir, impedir que las mujeres accedan al aborto resulta más fácil que impedir que piensen que tienen derecho a abortar.

Vemos cómo se produce el cambio si observamos con atención y si somos conscientes de lo que fue en contraposición a lo que es. En parte es lo que he tratado de hacer durante años, en este libro y en otros: observar el cambio, entender su funcionamiento y cómo y dónde cada uno de nosotros tiene poder dentro de sí; reconocer que vivimos en una época de transformaciones y que el proceso continuará mucho más allá de lo que ahora imaginamos. He visto cómo surgían nuevas formas de nombrar las maneras en que se ha oprimido y anulado a las mujeres, y he oído insistir en que la opresión y la anulación ya no serán aceptables ni invisibles. A menudo, hasta las cosas que tuvieron un impacto más directo en mí resultaron más claras gracias a este proceso que llevamos a cabo muchos de nosotros de manera conjunta. He visto que un buen número de escritores ofrecían versiones de los mismos principios generales, he visto cómo las ideas arraigaban, se propagaban y se incorporaban a nuestras conversaciones acerca de lo que es y lo que debería ser, y en ocasiones he sido una de esos escritores. Ver cómo se desarrolla este proceso es estimulante y a veces pasmoso.

Vivimos una época en que el poder de las palabras es importante para presentar, justificar y explicar las ideas, y ese poder es tangible en los cambios mientras se producen. Olvidar es un problema: las palabras son importantes, en parte como medio para ayudarnos a recordar. Cuando las catedrales que erigimos son invisibles, constituidas por perspectivas e ideas, olvidamos que estamos en su interior y que las ideas de que se componen fueron «hechas», construidas por personas que analizaron lo que dábamos por sentado, lo discutieron y lo modificaron. Son el fruto del trabajo. Olvidar significa no reconocer la fuerza del proceso y la mutabilidad de los significados y valores.

Hace poco oí en una charla a Gerard Baker. Es de origen mandan e hidatsa, de la reserva Fort Berthold, situada en Dakota del Norte, y habló sobre su labor en los parques nacionales para cambiar la forma en que los pueblos nativos estaban presentes como visitantes y empleados, así como en las estructuras, las señales, el lenguaje y otras formas de representación. De estatura descomunal, enormemente divertido y narrador brillante, Baker nos contó cómo pasó de realizar tareas de mantenimiento a ser director de dos monumentos nacionales en los que, según había asegurado a su familia, jamás trabajaría: el Campo de Batalla de Little Bighorn (llamado hasta 1991 Monumento Nacional del Campo de Batalla de Custer) y el Monte Rushmore. En ambos parques cambió el sentido del lugar y a quiénes estaba dedicado y destinado. En uno de ellos recibió amenazas de muerte por ese motivo; hubo quienes pretendieron mantener las versiones del pasado recurriendo a la violencia.

Al recordar lo que dijo Baker, al rememorar mi reeducación a principios de la década de 1990 sobre la presencia de los indígenas norteamericanos en Estados Unidos, al reflexionar sobre las conversaciones que mantenemos ahora y las que no abordamos, quise gritarles a algunas de las personas con que me topaba: «Si crees que estás despierto, es porque alguien te ha despertado, así que dales las gracias a los despertadores humanos». Es fácil suponer que nuestros puntos de vista sobre la raza, el género, la orientación sexual y demás son signos de un mérito intrínseco, cuando muchas de las ideas que circulan hoy en día son regalos recibidos hace poco gracias a la labor de otros.

Recordar que las personas forjaron esas ideas, del mismo modo que los edificios en los que vivimos y las carreteras por las que nos desplazamos fueron construidos por personas, nos ayuda a recordar, en primer lugar, que el cambio es posible y, en segundo, que tenemos la buena suerte de vivir después de dicho cambio, en lugar de afirmar nuestra superioridad respecto a quienes llegaron antes de la creación de las nuevas estructuras, y quizá incluso de reconocer que no hemos alcanzado un estado de conocimiento perfecto, porque se producirán más cambios cuando queden al descubierto más cosas que aún no reconocemos. He aprendido mucho. Me queda mucho por aprender.

Reproduzco un hermoso fragmento que Alicia Garza, cofundadora de Black Lives Matter, escribió tras las elecciones de 2016:

Estamos en un momento en el que todos debemos recordar quiénes éramos cuando entramos en el movimiento..., de recordar a los activistas que se mostraron pacientes con nosotros, que no estuvieron de acuerdo con nosotros y, aun así, se mantuvieron conectados, que esbozaron una sonrisa de complicidad cuando nuestra supuesta superioridad moral nos devoraba. Para construir un movimiento es preciso ir más allá de las personas que están de acuerdo con nosotros. Recuerdo quién era yo antes de dedicar mi vida al movimiento. Alguien se mostró paciente conmigo. Alguien vio que podía aportar algo. Alguien me apoyó. Alguien se esforzó por aumentar mi compromiso. Alguien me enseñó a asumir mis responsabilidades. Alguien me hizo entender las causas primordiales de los problemas a los que nos enfrentamos. Alguien me animó a expresar mi visión del futuro. Alguien me enseñó a incorporar al movimiento a quienes deseaban formar parte de uno.

Garza reconoce que cada uno de nosotros tiene una formación y da a entender que nuestra formación no ha terminado. En su momento de mayor esplendor y más hermoso, es un proceso creativo. En el peor, está controlado por quienes se hallan dentro y se dirige a quienes no lo están. A veces no están dentro porque todavía no han encontrado la entrada o porque han oído que desde la puerta les lanzaban reproches en lugar de una invitación. Pero la gente olvida que se trata de un proceso histórico más que de ideas que siempre han sido palmarias, y que algunos han tenido mayor acceso a ellas que otros. Observo que mucha gente se olvida del ingente trabajo realizado en torno a la raza, el género, la sexualidad, las cárceles y el poder, y en efecto fue «trabajo»: una labor intelectual para rechazar las suposiciones integradas en el lenguaje, las fuerzas que nos elevan a unos y empujan a otros hacia abajo, para entender y describir el pasado y el presente, y proponer posibilidades nuevas para el futuro.

La amnesia implica el olvido del asombroso alcance del cambio que se ha producido en las últimas décadas. Es un cambio esperanzador en sí mismo, como prueba de que las personas consideradas marginales o sin poder —eruditos, activistas, gente que habla en nombre de los grupos oprimidos y desde ellos— han cambiado el mundo. Por ejemplo, una consecuencia desafortunada del relativo éxito de lo que ha venido en denominarse #MeToo ha sido la de suponer que algo empezó en ese momento, lo cual oculta el extraordinario feminismo de los cinco años anteriores, como la labor del activismo contra las violaciones en los campus universitarios, las reacciones a la violación, tortura y asesinato de Jyoti Singh en Nueva Delhi y el caso de agresión sexual de Steubenville.

Incluso es posible que la fuerza de la respuesta pública a esas atrocidades oculte, como escribí en un artículo recogido en este libro, que los relatos de las mujeres se escucharon y generaron consecuencias gracias a lo que había ocurrido antes: el largo y lento trabajo del feminismo para conseguir un cambio de conciencia y situar a las mujeres —y a los hombres que las consideran seres humanos dotados de derechos inalienables y de la capacidad de decir cosas importantes— en posiciones de poder. Y el surgimiento de nuevas generaciones menos constreñidas por las concepciones y negaciones del pasado. Cambiar quién cuenta el relato y quién decide equivale a cambiar de quién es ese relato.

Ese punto de inflexión denominado #MeToo que surgió en octubre de 2017 no consistió en que la gente hablara, sino en que otros escucharan. Muchas personas habían hablado claro con anterioridad —las víctimas del médico deportivo del equipo de gimnasia, las víctimas de R. Kelly—, algunas una y otra vez, y su testimonio había caído en saco roto. Por tanto, #MeToo no significó que las mujeres empezaran a hablar, sino que empezara a escuchárselas, y aun así —como hemos visto en el caso de Christine Blasey Ford, que testificó contra Brett Kavanaugh, candidato a juez del Tribunal Supremo— se las ha seguido silenciando. Al igual que le sucedió a Gerard Baker por cambiar el relato sobre la batalla de Little Bighorn, Blasey recibió amenazas de muerte. Prueba del poder que tienen esas voces y esos relatos es la desesperación con que otros tratan de acallarlas.

El artículo que da título a esta antología trata de la lucha de los nuevos relatos por nacer contra las fuerzas que prefieren cerrarles el paso o mandarnos callar a gritos, contra quienes se esfuerzan con ahínco por no oír ni ver. Una respuesta muy muy común a

#MeToo ha consistido en lamentarse de que los hombres se sienten menos a gusto en su lugar de trabajo, lo que en primer lugar se debe a la costumbre no solo de valorar en mayor medida el bienestar masculino, sino también de centrar la atención en él. Del mismo modo, en el avance de la gente de color algunos han visto una pérdida para los blancos, que han de cederles espacio, competir con ellos en pie de igualdad o tan solo coexistir con la diferencia. Es una cuestión de quién importa.

El bienestar se cita a menudo como si fuera un derecho de los poderosos. En junio de 2018, *CBS This Morning* tuiteó: «La Patrulla Fronteriza se ha puesto en contacto con nosotros para manifestar que se sienten "muy incómodos" con el uso de la palabra "jaulas". Dicen que no es inexacta y añaden que tal vez sean jaulas, pero que no se trata a las personas como a animales». Así pues, no hay que llamar «jaula» a una jaula porque el malestar de la gente enjaulada queda eclipsado por el malestar que quienes la enjaularon sienten cuando se llama a las jaulas por su nombre. Del mismo modo, últimamente los racistas se han quejado de que se los califique de racistas, y la gente con una buena casa dice que les molesta ver a los sintechos. «Nacionalista blanco, supremacista blanco, civilización occidental..., ¿cómo pasaron esas expresiones a ser ofensivas?», declaró Steve King, congresista republicano y supremacista blanco. A menudo «bienestar» se convierte en una contraseña para acceder al derecho a estar en la inopia, el derecho a no tener remordimientos de conciencia ni nada que recuerde el sufrimiento, el derecho a ser un «nosotros» cuyos beneficios no se vean limitados por las necesidades y derechos de un «ellos».

En nombre de ese bienestar, parte de la población de Estados Unidos y Europa vuelve hacia atrás en un intento de instalarse en los escombros de la supremacía blanca y el patriarcado, quizá con la convicción de que no hay refugio que nos cobije a todos, de que tienen que situarse en lugares donde domine la población blanca y masculina, de que la escasez rige el mundo y el acaparamiento es una estrategia necesaria. He hablado de «despertadores» y he llamado a este proceso «despertar». Son palabras valorativas, pero «despertar» significa ser más conscientes de los que son diferentes de nosotros y de los sistemas que regulan la distribución del poder, la audibilidad y la credibilidad.

Lo contrario equivale a sumirse en un mal sueño que constituye asimismo una fuerza poderosísima en estos tiempos: la pesadilla de la supremacía blanca y el patriarcado, y la justificación de la violencia para defenderlos. El renacer de la supremacía blanca y la misoginia autoriza a no valorar la solidaridad, a no sentirnos solidarios, a no esforzarnos en serlo ni en prestar atención a los demás, a ser ignorantes y despreocupados, a estar desinformados y desconectados. Cualquiera se da cuenta de que a menudo esto se vive como una embriagadora liberación del deber de ser «políticamente correctos»; es decir, de tratar a los demás como seres con un valor y derechos, incluido el de contar su versión del relato. Lo llamo «pesadilla» porque es delirante en sus temores, sus fantasías de grandeza y su intención de volatilizar décadas de cambio, de relegar las ideas nuevas al olvido del que salieron y regresar a un pasado que nunca existió. Y porque consigue que la verdad deje de ser algo determinado por los procesos probatorios de la ciencia, el periodismo de investigación u otros medios empíricos, para convertirse en algo decidido mediante amenazas y por la fuerza. La verdad es lo que ellos quieren que sea y, como sus necesidades cambian, se infla y se hincha, se desdibuja y ondea con el viento. Formular una amenaza de muerte contra un narrador implica creer que el fuerte impone su ley e incluso la realidad.

Pese a las contrarreacciones —o precisamente porque son contrarreacciones—, conservo la esperanza en este proyecto de construcción de nuevas catedrales para un nuevo electorado. Porque ya está muy avanzado. Porque el verdadero trabajo no consiste en transformar a quienes nos odian, sino en cambiar el mundo para que no posean un poder desproporcionado y para que otros no se vean arrastrados a la pesadilla. Porque las nuevas generaciones son mejores en general, y el perfil demográfico creará un Estados Unidos en el que dentro de un cuarto de siglo la población blanca no será mayoritaria; porque el ritmo de contrarreacción-exclusión no puede seguir el paso de la tasa de diversificación; porque nuestros relatos son más precisos en lo que se refiere a los orígenes de la pobreza, la realidad del cambio climático o la igualdad de las mujeres; porque invitan a más gente a participar y a la vez nos invitan a ser más generosos y a estar más esperanzados y conectados; porque muchas cosas han cambiado desde el mundo frío y húmedo en el que nací, donde tan solo empezaban a cuestionarse la superioridad masculina y la supremacía blanca, y acababan de nacer nuevos lenguajes sobre el medioambiente, la sexualidad, el poder, las relaciones y el placer.

I

Los gritones y los silenciados

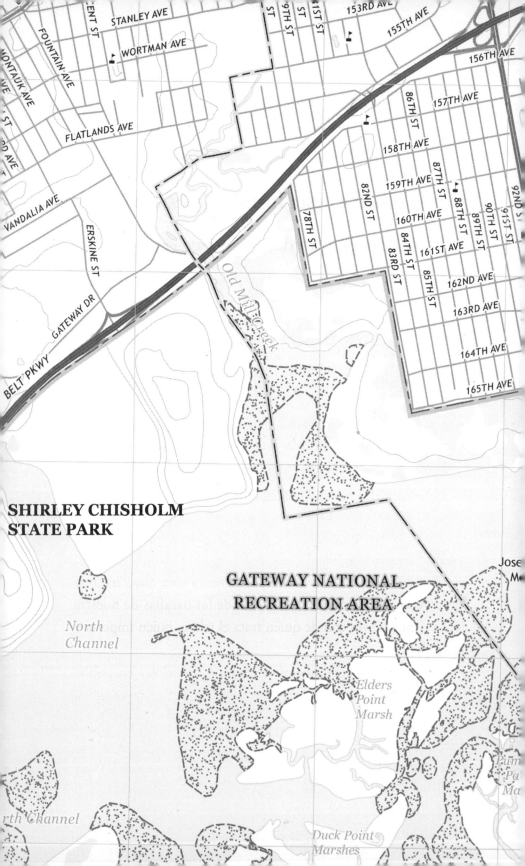

¿De quién es esta historia (y este país)?

Sobre el mito de la América «real»

El común denominador de muchas de las extrañas y preocupantes narrativas culturales que se nos presentan es un conjunto de suposiciones sobre quién importa, de quién es la historia, quién merece la compasión, los agasajos y la presunción de inocencia, los mimos y la alfombra roja, y en última instancia el reino, el poder y la gloria. Ya sabemos quiénes: la población blanca en general, y en particular los hombres blancos, y sobre todo los hombres blancos protestantes y heterosexuales, algunos de los cuales, al parecer, se han quedado consternados al enterarse de que, como habría dicho mamá, habrá que compartir. La historia de este país se ha escrito como el relato de esos varones, y a veces las noticias siguen contándola de ese modo; una de las batallas de nuestra época tiene que ver con de quién trata el relato, quién importa y quién decide.

Se nos pide sin cesar que prestemos más atención a esa población y la perdonemos, incluso cuando nos odien e intenten hacernos daño. Se supone que todos debemos mostrar empatía hacia ellos. Se nos exhorta a ello en todas partes. En marzo de 2018 el programa *NewsHours* de la PBS presentó un cuestionario de Charles Murray que planteaba: «¿Vive usted en una burbuja?».

Las preguntas daban por sentado que vivíamos en una burbuja elitista si no conocíamos a nadie que bebiera cerveza barata, condujera una camioneta y trabajara en una fábrica. Algunas de las preguntas eran las siguientes: «¿Ha vivido alguna vez durante al menos un año en una comunidad norteamericana con una población inferior a cincuenta mil habitantes que no formara parte de un área metropolitana ni fuera la localidad donde cursó sus estudios universitarios?», «¿Alguna vez ha pisado una fábrica?», «¿Ha tenido algún amigo íntimo que fuera cristiano evangélico?».

El cuestionario se centraba básicamente en si se estaba en contacto con la Norteamérica cristiana blanca de clase trabajadora y de ciudades pequeñas, como si todos los que no son Joe el Fontanero fueran Maurice el Elitista. Se deduce que deberíamos conocerlos; ellos no tienen por qué conocernos a nosotros. Menos del veinte por ciento de los estadounidenses son evangélicos blancos, un porcentaje ligeramente superior al de la población latina, y el número de los primeros desciende de forma tan vertiginosa como aumenta el de los segundos. La mayoría de los estadounidenses vive en grandes ciudades. El cuestionario daba a entender, una vez más, que el ochenta por ciento de quienes vivimos en zonas urbanas no somos Estados Unidos; trataba a la población no protestante ni blanca como si no fuera Estados Unidos; trataba a muchos tipos de empleados mal pagados (vendedores, trabajadores del sector servicios, jornaleros) que no son varones del sector industrial como si no fueran Estados Unidos. Hay más estadounidenses trabajando en museos que en el carbón, pero se describe a los mineros del carbón como seres sagrados merecedores de cuantiosos subsidios y del sacrificio del clima, mientras que los trabajadores de museos..., en fin, nadie habla de sus empleos como un tótem de nuestra identidad nacional.

La PBS añadía una breve nota al final del cuestionario de la burbuja: «La introducción se ha corregido para aclarar los conocimientos especializados de Charles Murray, que se centran en la cultura blanca estadounidense». No mencionaron que Murray es autor del infame libro *The Bell Curve*, ni explicaron por qué se invitó al programa a una persona a quien la mayoría considera racista. Quizá el verdadero problema reside en que la Norteamérica blanca, cristiana, rural, de urbanizaciones y de ciudades pequeñas incluye a demasiadas personas que quieren vivir en una burbuja y creen tener derecho a hacerlo, y que a quienes no somos como ellos se nos considera amenazas e intrusos que hay que apartar del camino.

A fin de cuentas, en agosto de 2017 se celebró en Charlottesville (Virginia) una manifestación repleta de hombres blancos que portaban antorchas polinesias y coreaban: «No nos reemplazaréis». Lo que traducido quiere decir: «Largo de mi burbuja de una puta vez»; una burbuja que es un estado de ánimo y un apego sentimental hacia una Norteamérica antigua y ficticia en su mayor parte. En esa Norteamérica no están todos; por ejemplo, en Lawrence (Kansas), los vecinos de Syed Ahmed Jamal, profesor de Química y padre de familia, que llevaba treinta años viviendo en la zona, se manifestaron para defenderlo cuando los del Servicio de Inmigración y Control de Aduanas lo detuvieron con la intención de deportarlo. No son todos (los) varones blancos: la perpetuación del relato centrado en ellos es algo que aceptan demasiadas mujeres y de lo que algunos hombres admirables tratan de escapar.

Y las voces más ruines no tienen por qué proceder de la clase trabajadora rural o de ciudades pequeñas. En un reportaje sobre una localidad minera de Pensilvania llamada Hazelton, Tucker Carlson, adinerado opinador de Fox News, declaró no hace mucho que la inmigración origina «más cambios de los que los seres humanos están concebidos para digerir»; en este contexto, los seres humanos son los habitantes blancos y no inmigrantes de Hazelton, y quizá se insinúe que los inmigrantes no son seres humanos, y menos aún seres humanos que ya han digerido un montón de cambios. Una vez más, se presenta el relato de la Norteamérica blanca de ciudades pequeñas como si tratara de todos nosotros, o de todos los que contamos; como si la gentrificación de los barrios de inmigrantes no fuera también un relato importante; como si el condado de Los Ángeles y la ciudad de Nueva York, que tienen una población mayor que la de casi todos los estados del país, no fueran Estados Unidos. La población inmigrante de la ciudad de Nueva York supera a la población total de Kansas (o a la de Nebraska, Idaho, Wyoming y Virginia Occidental, de donde son los mineros del carbón). La población del condado de Los Ángeles sobrepasa a la de todos los estados del país salvo nueve. Dados los numerosos problemas de nuestro sistema electoral —la privación del derecho al voto, la manipulación de los distritos electorales, la distorsión de la influencia de los votos debido al colegio electoral de compromisarios, la asignación de dos senadores a cada estado sea cual sea su tamaño—, sus voces ya se han exagerado.

Tras las elecciones de 2016 se nos aconsejó que fuéramos amables con la clase trabajadora blanca, lo cual reafirmaba el mensaje de que ser de piel blanca y ser de clase trabajadora eran lo mismo e invisibilizaba o volvía insignificante a la inmensa clase trabajadora no blanca. Se nos dijo que los votantes de Trump eran la sal de la tierra y los que de verdad sufrían, pese a que la población más pobre tendió a votar por la otra candidatura. Se nos dijo que teníamos que mostrarnos comprensivos con su decisión de votar a un hombre que amenazaba con perjudicar a quienes no fueran varones blancos cristianos cisgéneros y heterosexuales, ya que los sentimientos de estos primaban sobre la supervivencia del resto. «Algunas personas creen que quienes votaron a Trump son racistas, sexistas, homófobos y gentuza execrable», nos reprendió Bernie Sanders, aunque algunos estudios y los acontecimientos posteriores mostraron que, en efecto, muchos de ellos eran racistas, sexistas y homófobos.

Se ha comprobado que una forma de saber de quién es la historia consiste en ver a quién se le disculpan el odio y los ataques, literales o materiales. A principios de 2018 la revista *The Atlantic* contrató al escritor Kevin Williamson, quien afirmó que había que ahorcar a las mujeres que abortaran, y luego lo despidió por la presión pública de personas a quienes no les gusta la idea de que se ejecute a un cuarto de las mujeres estadounidenses por ejercer la jurisdicción sobre su cuerpo. El *New York Times* ha contratado a unos cuantos conservadores similares a Williamson, entre ellos Bret Stephens, un charlatán del cambio climático. Stephens dedicó una columna a expresar su solidaridad con Williamson y su indignación por que alguien se opusiera a él.

En la Norteamérica proburbuja, la solidaridad a menudo se dirige de manera automática hacia el varón blanco del relato. Se da por hecho que el relato gira en torno a él; es el protagonista, la persona que importa, y cuando leemos, por ejemplo, que Stephens defiende a Woody Allen y ataca a Dylan Farrow por decir que su padre adoptivo, el director de cine, abusó de ella, vemos que se ha esforzado mucho en ponerse en el pellejo de Woody Allen y poco en el de Dylan Farrow u otra persona como ella. Eso me recuerda que a las jóvenes que acusan a alguien de violación suelen decirles que perjudicarán el brillante porvenir de su violador, y no que tal vez él se lo haya buscado y que el brillante porvenir de ella también debería importar. La publicación satírica *The Onion* dio en el clavo hace unos años: «Estrella universitaria del baloncesto supera con heroicidad la trágica violación que cometió».

Quién consigue ser el tema del relato es una pregunta sumamente política, y el feminismo nos ha ofrecido una gran cantidad de libros que apartan el foco del protagonista original: de Jane Eyre a la caribeña que se convirtió en la primera esposa del señor Rochester en *El ancho mar de los Sargazos*, de Jean Rhys; del rey Lear a Goneril en *Heredarás la tierra*, de Jane Smiley; de Jasón a Medea en la *Medea* de Christa Wolf; de Ulises a Penélope en *Penélope y las doce criadas*, de Margaret Atwood, y del héroe de la *Eneida* a la joven con la que se casa en *Lavinia*, de Ursula K. Le Guin. Encontramos equivalentes en el mundo museístico, como el diorama que representa el choque entre los holandeses y los lenapes en el Museo Americano de Historia Natural de Nueva York, ahora con textos de un historiador visual indígena que comenta lo que hay detrás del cristal. Sin embargo, en las noticias y en la vida política seguimos con las peleas sobre de quién es la historia, quién es importante y quién debería ser objeto de nuestra compasión y nuestro interés.

El reparto desigual de la conmiseración es epidémico. El *New York Times* calificó de «solitario amable» al hombre con un historial de violencia doméstica que en 2015 la emprendió a tiros en un centro de planificación familiar de Colorado Springs y mató a tres personas que tenían hijos pequeños. Y cuando en marzo de 2018 por fin se capturó al terrorista que con sus bombas había atemorizado a la población de Austin (Texas), demasiados periodistas entrevistaron a la familia y amistades del hombre y dejaron que se impusieran sus descripciones positivas, como si fueran más válidas que lo que ya sabíamos: que era un extremista y un terrorista decidido a matar a personas negras de una manera especialmente cobarde y cruel. Era un «joven "cerebrito" callado de una "familia religiosa y muy unida"», nos informó el *Times* en un tuit, mientras el titular del *Washington Post* señalaba que se sentía «frustrado con su vida», lo cual puede aplicarse a millones de jóvenes de todo el mundo que no se regodean en la autocompasión ni se convierten en terroristas. El *Daily Beast* dio en el clavo con un subtítulo acerca de un terrorista de derechas que hace poco voló por los aires en su casa, llena de material para la fabricación de bombas: «Sus amistades y su familia afirman que Ben Morrow trabajaba en un laboratorio y siempre llevaba la Biblia en la mano. Los investigadores afirman que era un supremacista blanco que fabricaba bombas».

Cuando, en marzo de 2018, un adolescente llevó un arma al instituto de Maryland donde estudiaba para matar a Jaelynn Willey, la prensa dijo que estaba «enfermo de amor», como si el asesinato premeditado fuera una reacción natural al rechazo de la persona con la que alguien ha salido. En un artículo de opinión de una elocuencia poderosa publicado en el *New York Times*, Isabelle Robinson, alumna del Marjory Stoneman Douglas, escribió acerca de las disculpas que se propagaron sobre el asesino en masa que acabó con diecisiete vidas en su instituto el día de San Valentín de 2018. Señaló que «un preocupante número de comentarios que he leído venían a decir algo así: "Tal vez si los compañeros de clase y colegas del señor Cruz hubieran sido un poco más amables con él, el tiroteo de Stoneman Douglas no se habría producido"». Como ella misma observó, de ese modo se endosa a los compañeros y colegas la responsabilidad —y luego la culpa— de satisfacer las necesidades de chicos y hombres que tal vez sean hostiles u homicidas.

Este marco mental induce a pensar que les debemos algo, lo cual fomenta en ellos la sensación de privilegio, que, a su vez, impone la lógica de la venganza, porque no les damos lo que consideran que les debemos. En 2014, Elliot Rodgers se propuso masacrar a las integrantes de una sororidad de la Universidad de California en Santa Bárbara porque creía que mantener relaciones sexuales con mujeres atractivas era un derecho suyo que estas vulneraban, y que tenía derecho a castigar a alguna o a todas ellas con la muerte. Mató a seis personas e hirió a catorce. Nikolas Cruz, el asesino del instituto Marjory Stoneman Douglas, dijo: «Elliot Rodgers no caerá en el olvido». El hombre que en abril de 2018 mató a diez personas e hirió a catorce en Toronto también elogió a Rodgers en un mensaje de internet.

A menudo las mujeres interiorizan ese sentido de responsabilidad hacia las necesidades masculinas. En 2006, Stormy Daniels se sintió tan responsable de haber entrado en la habitación de hotel de un desconocido que se consideró en la obligación de mantener las relaciones sexuales que él quería y ella no. «Me estuvo bien empleado por tomar una mala decisión, por ir sola a la habitación de otra persona, y oí la voz de mi cabeza, que me decía: "En fin, te has metido tú solita en una mala situación, y las cosas malas ocurren, así que te lo mereces"», le contó a Anderson Cooper. (Vale la pena señalar que catalogó mantener relaciones sexuales con Donald Trump como «las cosas malas ocurren», y la lógica de que se lo merecía era punitiva). Había que satisfacer los deseos de él. Los de ella no importaban. Luego se libró una batalla tremenda para que prevaleciera la versión de los hechos de él y no se escuchara la de ella, que pretendía infringir el acuerdo de confidencialidad que había firmado, un instrumento legal usado habitualmente contra las víctimas de agresiones sexuales para garantizar que el público no escuche su relato.

Se supone que las mujeres no quieren nada para sí, como nos recordó el *New York Times* cuando fustigó a Daniels con un titular que señalaba su ambición..., una característica que se ha atribuido a otras mujeres prominentes, pero que parece invisible cuando la poseen los hombres, como suele ser el caso de los que actúan en películas y las dirigen, o de los que se dedican a la política. Según nos informó el *New York Times* en una reseña biográfica de la exitosa artista, Daniels tenía «instinto para la autopromoción» y no disimulaba bien «su vena competitiva». Pretendía «someter el negocio a su voluntad». La idea general es que cualquier mujer que no se deje pisotear es una dominatriz.

La gente ha recordado hace poco un estudio politológico que evaluaba la respuesta a candidaturas ficticias para el Senado que eran idénticas con excepción del género: «Al margen de si en general preferían a los políticos antes que a las políticas, el electorado que participó en el estudio solo reaccionó de forma negativa a las aspiraciones al poder percibidas en ellas». Los autores del estudio calificaron esta reacción de «indignación moral». Cómo se atreven ellas a perseguir el poder. Cómo se atreven a querer cosas para sí mismas y no para los demás (aunque perseguir el poder sea una manera de trabajar para los otros). Cómo se atreven a pensar que el relato girará en torno a ellas o a querer contarse entre quienes determinen cuál es el relato.

Por otro lado, están los movimientos #MeToo y #TimesUp. Hemos oído a centenares de mujeres, quizá a miles, hablar de agresiones, amenazas, acoso, humillaciones y coacciones, de campañas que pusieron fin a sus carreras profesionales y las llevaron al borde del suicidio. La reacción de muchos hombres a este hecho consiste en compadecerse de los hombres. El director de cine Terry Gilliam encarnó la voz de las viejas costumbres al declarar: «Me da pena alguien como Matt Damon, un ser humano bueno. Salió a decir que no todos los hombres son violadores y lo vapulearon hasta la muerte. ¡Vamos! ¡Es demencial!». En realidad a Matt Damon no lo han vapuleado hasta la muerte. Es uno de los actores mejor pagados del planeta, una experiencia considerablemente distinta de la de ser vapuleado hasta la muerte. El actor Chris Evans lo hizo mucho mejor con el cambio de perspectiva al decir: «Lo que más cuesta aceptar es que el tener buenas intenciones no significa que haya llegado el momento de tener voz».

Pero la continuación del revuelo de #MeToo ha sido demasiadas veces la siguiente: ¿de qué modo las consecuencias del espantoso maltrato infligido a las mujeres por unos hombres afectan al bienestar masculino? ¿A los hombres les parece bien lo que está ocurriendo? Ha habido demasiados relatos de varones que se sentían menos a gusto, y demasiado pocos acerca de que las mujeres se sentirían más protegidas en oficinas de las que se hubiera expulsado a compañeros acosadores, o en las que estos, al menos, no estuvieran tan seguros de su derecho a magrear y acosar. Los hombres insisten en que su bienestar es un derecho. El doctor Larry Nassar, el médico de la Universidad Estatal de Míchigan que abusó de más de cien jóvenes gimnastas, solicitó no tener que oír durante el juicio cómo las víctimas describían en sus comparecencias lo que les había hecho y cómo las había afectado; alegó que esos testimonios perturbaban su bienestar. Esas niñas y jóvenes no habían guardado silencio; habían denunciado los hechos una y otra vez, pero ninguna persona con poder —en algunos casos ni siquiera sus padres— había querido escucharlas y tomar medidas hasta que, en 2016, el *Indianapolis Star* informó de las agresiones de Nassar y de otros muchos varones adultos en el mundo de la gimnasia. Hasta entonces no fue el relato de las mujeres. Apenas lo es. O lo era.

Como cultura, avanzamos hacia un futuro con más gente, más voces y más posibilidades. Algunas personas se quedarán atrás, no porque el futuro no las tolere, sino porque ellas se muestran intolerantes con ese futuro. Los hombres protestantes blancos de la cultura dominante son bienvenidos, pero, como señaló Chris Evans, el relato no girará siempre en torno a ellos y ellos no serán siempre quienes lo narren. Gira en torno a todos nosotros. Los protestantes blancos ya son una minoría, y la población no blanca llegará a ser una mayoría electoral alrededor de 2044.

En este país tienen cabida cuantos crean que todos tienen cabida. Quienes no lo crean..., en fin, por eso se libra una batalla sobre de quién es la historia que hay que contar.

Nadie sabe*

Cuando tenía dieciocho años trabajé unos meses como ayudante de camarero en una cafetería. Era un lugar de aspecto alegre, con vistas a la bahía de San Francisco. La cocina tenía forma de L: el dueño se quedaba en el extremo corto de la L, junto a las cafeteras y la caja registradora, y yo solía estar en la otra punta, cerca del lavaplatos, fuera de la vista. Entremedias se encontraban los mostradores para la preparación de alimentos y una cocina de ocho fuegos; era ahí donde se situaba el cocinero, un hombre de mediana edad aficionado a la bebida y con los ojos enrojecidos, que tenía la costumbre de agarrarme inopinadamente por detrás. Nadie parecía darse cuenta y, en aquella década, antes de que Anita Hill incorporara la expresión «acoso sexual» al léxico popular, yo no sabía expresar que era algo que vulneraba mis derechos, además de repugnarme y crisparme los nervios. No sabía expresarlo porque

* Por la época en que escribí este artículo, una cámara de un circuito cerrado de vigilancia captó cómo un cliente tocaba el trasero a una camarera, y en las imágenes que se colgaron con posterioridad en la red vimos cómo ella se daba la vuelta sin vacilar ni un instante y lo tiraba al suelo; el contexto de la historia nos permitió saber que su jefe la apoyó, al igual que la policía: se detuvo al hombre y se le acusó de agresión. Me sorprendió la seguridad de la mujer respecto a cuáles eran sus derechos, así como la gente que la respaldó: me había acostumbrado a verme sola en situaciones similares; me había formado en una época distinta.

en aquella época se suponía que debíamos tomárnoslo con filosofía, aprender a salir del paso, restarle importancia, lo que fuera menos quejarnos y confiar en que alguien intervendría.

Tras unas semanas sufriendo esas desagradables sorpresas, la siguiente vez que el cocinero vino a por mí procuré llevar en las manos una bandeja de vasos limpios. Me toqueteó; grité y solté la bandeja. El cristal armó un gran estruendo al romperse. El propietario del local, otro hombre de mediana edad, se acercó corriendo y echó una bronca al cocinero: los vasos tenían una audibilidad y un valor de los que yo carecía.

Quienes ocupan puestos subalternos tienen fama de falsos porque a veces recurren a medios indirectos si los directos no están a su alcance. Cuando yo era una mandada, la única forma que conocía de conseguir que un hombre dejara de magrearme era engañar a otro más poderoso para que le leyera la cartilla. Carecía de autoridad, o tenía motivos para creer que carecía de ella. La consecuencia de «Cuando eres una estrella, te dejan hacerlo»* es «Cuando no eres nadie, resulta difícil impedir que lo hagan».

La suposición de que no era nadie no siempre me fue válida, ni siquiera en mi juventud. Diez años después de que dejara caer la bandeja, entrevisté a un hombre para mi primer libro. Estaba casado y tenía más o menos la edad de mis padres, pero cuando nos quedamos a solas para la entrevista se excitó y se puso cariñoso. Me di cuenta de que consideraba confidencial nuestra conversa-

---

* «Cuando eres una estrella, te dejan hacerlo» es una frase machista sobre las mujeres pronunciada por Donald Trump en un vídeo de 2005 que se difundió durante la campaña electoral de 2016. *(N. de la T.)*.

ción, quizá porque las jóvenes éramos categóricamente inaudibles. Habría querido decirle a gritos: «Voy a hacer pública la grabación ahora mismo». Sin embargo, si me hubiera tratado con consideración, yo habría sabido menos acerca de cómo era él... y lo habría tenido en mejor estima.

Existe el viejo tópico de que el conocimiento es poder. La posibilidad contraria y opuesta —que, a menudo, el poder es ignorancia— rara vez se airea. Los poderosos se envuelven en el olvido para evitar el dolor ajeno y su relación con él. Se les ocultan muchas cosas y se les excluye de las esferas de los pobres y los desamparados. Cuanto más eres, menos sabes.

Por ejemplo, en mi barrio de San Francisco, las mujeres blancas como yo no tienen por qué saber que el azul es el color de una banda, pero quizá los hombres jóvenes latinos que no lo sepan corran peligro (y no en menor medida a manos de la policía). Del mismo modo, conocer las estrategias que emplean las mujeres para estar a salvo entre los varones es opcional para estos, si es que alguna vez han llegado a pensar en el asunto. (En un ejercicio de clase realizado en las universidades se pregunta al alumnado qué hace para tratar de impedir las violaciones, lo que en general lleva a las mujeres a recitar largas listas de precauciones y cosas que evitan, y a los hombres a quedarse perplejos). Todos los subordinados tienen una estrategia de supervivencia, que en parte se basa en el secreto; todo sistema desigual preserva ese secreto y protege al poderoso: mejor que el sargento no sepa que los soldados no lo aguantan; que el señor ignore que su personal tiene una vida más allá de la servidumbre y que quizá desprecie a quien sirve con aparente respeto.

El mundo no es todo él un escenario: las bambalinas y lo que queda más allá del teatro son asimismo territorios importantes en los que personas de todos los niveles de poder actúan fuera de los focos, fuera del ámbito de las normas oficiales. Para quienes ocupan puestos subalternos, eso significa cierta liberación de un sistema que los reprime; para quienes ejercen el poder, da pie a una flagrante hipocresía. A menudo actúan con la seguridad de que la gente que los ve carece de importancia o no puede influir en la reputación que han adquirido entre quienes sí la tienen. Porque no es solo que el conocimiento en sí importe, claro está: también es importante quién sabe, quién posee el conocimiento. Podría decirse que cuando los poderosos afirman que nadie sabe quieren decir que sus actos los ven personas que son nadie. Nadie sabe.

A mediados de la década de los setenta, cuando yo tenía dieciséis años, mi amiga Pam Farmer fue recadera de la Cámara de Representantes de Estados Unidos, poco después de que se nombrara a las primeras mujeres para ese puesto. Hace poco, Pam me contó durante una cena que un día, en el salón de los republicanos, se encontraba cerca del congresista Sam Steiger, de Arizona, cuando este dirigió un comentario socarrón de carácter sexual a la congresista Millicent Fenwick, de Nueva Jersey. Dio la casualidad de que un compañero de ambos, Barry Goldwater Jr., lo oyó. Reprendió a su colega: «¿Dirías eso delante de tu nieta?». Steiger se puso nervioso. Pidió disculpas... a Goldwater: lo importante era que otro hombre con poder hubiera presenciado los hechos, no que Pam hubiera podido ser su nieta o que Fenwick mereciera respeto. Ninguna de las dos mujeres tenía la menor relevancia. Alguien lo sabía.

Un ejemplo más reciente: el pasado diciembre, varias administrativas acusaron a Alex Kozinski, juez del Tribunal de Apelaciones del Noveno Circuito de Estados Unidos, de forzarlas a ver pornografía con él. Describieron cómo evitaban al hombre; se veían obligadas a considerar al magistrado y su despreciable comportamiento un obstáculo inamovible, como una cordillera. Alexandra Brodsky, abogada en casos de derechos civiles, escribió en Twitter: «Contenta de ver publicado otro secreto a voces. En la facultad de Derecho todo el mundo lo sabía». Pero todo el mundo que lo sabía era insignificante, era nadie, al menos en comparación con un juez federal. Cuando, gracias al periodismo de investigación, se reunieron las voces de varios de esos nadies hasta crear algo que tuviera peso, el juez dimitió.

Quizá no se trate de que el conocimiento sea poder, sino de que cierto conocimiento posee poder en tanto que a otro se le despoja del que merece. Los poderosos carecen del conocimiento; el conocimiento carece del poder. En una sociedad justa, si alguien dice sin faltar a la verdad que lo han agredido, esa afirmación debería tener consecuencias. Un secreto a voces entre personas sin el poder de actuar es un conocimiento prácticamente intrascendente. En otras ocasiones, el conocimiento se recibe, aunque de mala gana, después de la presentación de demandas y del pago de las cantidades establecidas en los acuerdos. En cuanto los poderosos saben que la opinión pública sabe —como cuando la familia Murdoch se enfrentó a la divulgación del largo historial de abusos sexuales a empleadas cometidos por Roger Ailes, consejero delegado de Fox News—, al final se sienten impelidos a actuar.

Las denuncias contra el productor cinematográfico Harvey Weinstein dibujan el retrato de un hombre que llegó a extremos inusitados para convertir en nadie a quienes eran alguien. Trataba a las mujeres como si fueran personas sin derechos, sin jurisdicción sobre su propio cuerpo. Amenazaba con destruir la carrera de las que actuaran en interés propio en lugar de pensando en el de él. Las revelaciones sobre la compleja maquinaria ideada para convertir en nadie a esas mujeres eran casi tan alucinantes como los relatos de las presuntas campañas de intimidación, agresiones y violaciones. Más de un centenar de mujeres, algunas muy famosas, se vieron obligadas a guardar silencio sobre el tema fuera de sus círculos personales. Para conseguirlo, Weinstein se gastó millones de dólares y empleó a mucha gente, incluidos exespías del Mossad y uno de los abogados más destacados del país.

Las revelaciones sobre Weinstein incitaron a revisar a quién se escuchaba y a quién se tenía en cuenta. Por fin se reconoció el acoso persistente que se daba en muchos sectores, no solo en el tecnológico y en la industria cinematográfica, sino también en el trabajo agrícola, hotelero y de restauración: desde hacía tiempo, los abusos, la denigración y las agresiones se consideraban oficialmente inaceptables pero permisibles siempre que la opinión pública no se enterara de que los jefes los conocían. Cuando la dirección lo sabía no solía hacer nada hasta que salía a la luz el hecho del que estaba al corriente. Un cambio en quién es audible equivale a un cambio en quién es alguien.

Muchísima gente supo lo que nadie sabía durante décadas, antes de que se unieran los puntos aislados para formar un dibujo ante el que los poderosos ya no podían mirar hacia otro lado. La ignorancia voluntaria ha sido un dique destinado a contener las consecuencias. Los torrentes de información se desatan cuando la posición de las mujeres se desplaza entre alguien y nadie, cuando se oye a las personas que han estado silenciadas.

Con demasiada frecuencia, hombres que creen que las mujeres carecen de voz se indignan al descubrir que alguien las escucha. Es una batalla por la posesión del relato. En 2011, cuando Dominique Strauss-Kahn, a la sazón director del Fondo Monetario Internacional, presuntamente (palabra que debo emplear porque el fiscal retiró los cargos penales, como solía hacer cuando se trataba de hombres poderosos) violó a una trabajadora de un hotel neoyorquino llamada Nafissatou Diallo, Bernand-Henri Lévy defendió a su amigo. «El Strauss-Kahn que yo conozco, del que soy amigo desde hace veinticinco años y que seguirá siendo mi amigo, no se parece a ese monstruo», escribió en un artículo.

Lévy se atribuyó una autoridad basada en la premisa de que su amigo tenía una única cara: la que mostraba a los hombres poderosos. Fue una necedad deliberada, extraída quizá de toda una existencia de olvido respecto a la vida de quienes son nadie; o acaso fuera una forma de insistir en que, al igual que a las mujeres, se puede intimidar a la verdad para que se comporte. Poco después salieron más mujeres con acusaciones de agresión sexual contra Strauss-Kahn, que llegó a un acuerdo con Diallo para cerrar la demanda civil. Se le había considerado un candidato convincente a la presidencia de Francia antes de que esas mujeres desenmascararan su otra cara. Durante un tiempo pareció que iba a tratarse a una refugiada africana como a una igual de un poderoso hombre blanco, y luego no fue así.

Llama la atención lo corrientes que son las agresiones como la de Strauss-Kahn; son tan normales que en 2018, después de años de presión por parte de las trabajadoras, varias cadenas hoteleras nacionales introdujeron los «botones del pánico» para el personal de limpieza. Lo cual es una forma de decir que muchos varones que pueden permitirse el lujo de alojarse en un buen hotel creen que las mujeres de la limpieza de los hoteles no pueden permitirse el lujo de hablar, y hasta ahora no les ha faltado razón. En el otoño de 2018, la plantilla de los hoteles Marriott hizo huelga en muchas ciudades estadounidenses y consiguió botones del pánico, entre otras reivindicaciones. El portal de noticias *Vox* informó: «Y por primera vez la empresa ha accedido a prohibir el acceso a clientes con un historial de acoso sexual a trabajadoras».

Hace veinte años me di cuenta de que dejaba atrás el mundo de las bambalinas. Fue como si emigrara a otro país o si me hubieran deportado de mi tierra. Con esa transición llegó la propuesta de cambiar mis lealtades y olvidar el lugar donde había residido mucho tiempo. Como escritora, mi trabajo consiste en escuchar y contar los relatos de quienes carecen de poder, lo cual significa que yo sí lo tengo, incluido el de intervenir en los desequilibrios de poder que con frecuencia se manifiestan como desequilibrios de audibilidad; por lo tanto, ahora soy una persona a la que los culpables ocultan cosas y a la que quienes carecen de poder no siempre consideran una aliada.

Había sido confidente de muchas jóvenes, y de pronto me encontré con que bastantes veces me desterraban al bando de los poderosos y engañados. Hace unos años pasé varios días con un grupo de gente. El último día, una joven se sinceró conmigo sobre un poderoso hombre mayor del grupo que la había presionado y acosado durante el tiempo que habíamos estado juntos. El individuo había ocultado su persecución a aquellos de nosotros a los que consideraba que eran alguien, incluida yo. Me enfurecí por la joven a la que había convertido en su presa y, en menor medida, por su esposa, pero también me repugnó que me hubieran engañado de ese modo.

Me habían introducido entre el público que asistía sin saberlo a una mentira. Algunas de las jóvenes de nuestro grupo se habían enterado de lo que pasaba, pero no habían comentado nada fuera de su círculo. Hasta entonces, yo había formado parte de ese círculo. Como las alumnas de Derecho y las administrativas que se advertían unas a otras sobre Kozinski, habíamos comentado en susurros que evitábamos a ciertos hombres y habíamos puesto los ojos en blanco al ver que se escenificaba una nueva representación falaz. Y de repente estaba fuera.

Hablamos de la empatía y la compasión como virtudes, pero son también prácticas activas de prestar atención a otras personas. De ese modo entendemos a los demás y el mundo que va más allá de nuestra experiencia. Yo te presto atención porque tú importas, y si tú no me haces caso es porque yo no importo. El psicólogo Dacher Keltner, que ha estudiado la relación entre empatía y poder, ha escrito que, «mientras que la gente suele obtener el poder gracias a rasgos y actos que promuevan el interés ajeno, como la empatía, la colaboración, la franqueza, la equidad y la voluntad de compartir, cuando empieza a sentirse poderosa o a disfrutar de una posición de privilegio, esas cualidades van desvaneciéndose. Los poderosos son más proclives a mostrar comportamientos descorteses, egoístas y poco éticos».

La obra de Keltner demuestra que los poderosos son antisociales o adolecen de «tendencias sociocognitivas centradas en sí mismos» que pueden «facilitar una conducta poco ética». En 2011, Keltner y sus colegas analizaron estudios anteriores sobre la clase alta y hallaron pruebas de «tendencias a tomas de decisiones poco éticas», mentiras, engaños y tasas inferiores de altruismo y donativos a organizaciones benéficas. Según otro estudio, también resulta que los conductores de coches de lujo son más propensos a adelantar a otros vehículos que esperan su turno y, según un tercer estudio, los poderosos son más proclives a quitarles las golosinas a los niños.

En ocasiones, ser inmune a la influencia de otras personas es la base de la integridad: Eyal Press ha investigado el tema al escribir sobre disidentes que se distancian de sus compañeros cuando se cometen genocidios y otros crímenes. Sin embargo, igualmente puede generar indiferencia y dar pie a la crueldad, sobre todo cuando implica el olvido de los menos poderosos. Los estudios muestran que los poderosos son mucho menos influenciables —es decir, mucho menos conscientes— y que su cerebro se dedica en mucha menor medida a la actividad del espejo. Hacer de espejo consiste en reproducir en la mente las acciones de otras personas para conectar con sus actos y sentimientos. Si no lo hacemos, no logramos establecer la conexión. Se trata de un proceso cognitivo, además de emocional. Puede ser instintivo, pero también puede adquirirse con la práctica. O abandonarse.

La desigualdad nos convierte en mentirosos, y solo una democracia del poder conduce a una democracia de la información. Sin embargo, los subordinados conocen ambas versiones de lo bifronte; los poderosos parecen conocer solo una, o se niegan a enterarse de la otra. Pueden realizar un acto de eliminación: tal cosa no ha sucedido si ninguna persona de buena posición social la conoce.

Si el poder genera a su alrededor un colchón de olvido, quienes tenemos poder hemos de contrarrestarlo. Eso implica, en primer lugar, tratar a la gente con respeto, sea cual sea su posición social: no aceptar la invitación a despreciar o a desentenderse. Implica que quien tiene poder —y la mayoría lo tenemos en ciertos contextos, aunque carezcamos de él en otros— debe ser consciente de que su posición tal vez lo aparte de lo que otras personas saben y quizá compartan entre sí; implica saber que no se sabe.

Una respuesta más radical consiste en acabar con la desigualdad, lo cual implica adoptar una actitud crítica respecto a las fuerzas que la crean y recordar que generan asimetrías de audibilidad y de influencia. Como reza el aforismo, una vida sin examen no merece ser vivida; sin embargo, quizá una vida honorable y bien informada exija examinar la vida de otros, no solo la propia. Quizá no nos conozcamos a menos que conozcamos a los demás.

Y, si lo hacemos, sabemos que nadie es nadie.

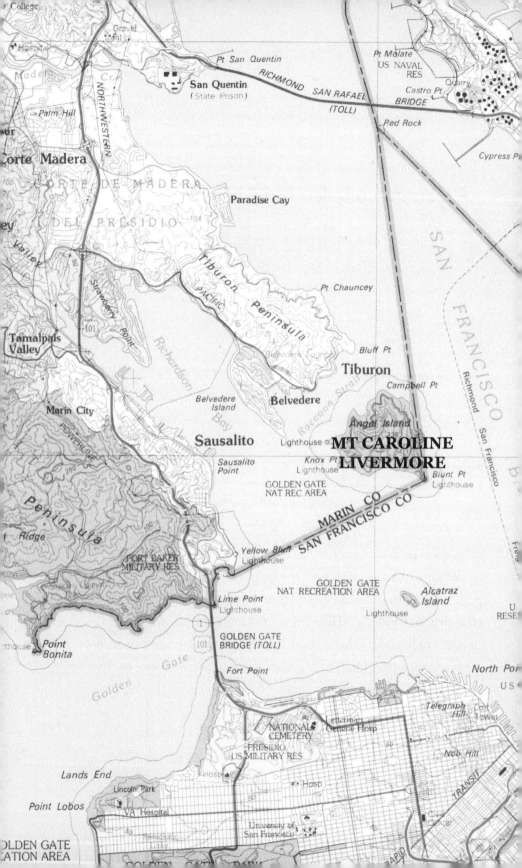

Creen que pueden intimidar a la verdad

Sobre las mentiras de los poderosos y el poder de las mentiras

El sustantivo «dictador» está emparentado con el verbo 'dictar'. Entre nosotros hay quienes creen tener una autoridad tan grande como para dictar lo sucedido; quienes creen que sus afirmaciones se impondrán a los testigos, las cintas de vídeo, las pruebas y el archivo histórico; que su voz es la única que importa, y que es tan importante que puede alzarse por encima de los hechos conquistados. Las mentiras son agresiones. Son intentos de pisotear los hechos y a quienes los tienen presentes, y sientan las bases de las dictaduras, las pequeñas en las familias y las grandes en las naciones.

Black Lives Matter ha centrado su atención en los agentes de policía que han insistido en su versión de los hechos cuando existían pruebas videográficas en sentido contrario, o cuando las pruebas materiales y los testigos presenciales contradecían su relato de los hechos. Una se da cuenta de que suponían que podían dictar la realidad porque lo habían hecho durante décadas, y de que les costaba adaptarse a que la realidad impusiera su dictado. Como dijo con gracia uno de los hermanos Marx hace mucho tiempo: «¿A quién va a creer usted, a mí o a sus ojos?». La policía suponía que ni a nuestros ojos ni las pruebas.

En febrero de 2015, dos policías de San Francisco mataron a tiros al joven Amílcar Pérez-López, de veinte años. Todas las balas penetraron por detrás —cuatro le atravesaron la espalda y le llegaron al pecho—, pero los agentes aseguraron que habían disparado en defensa propia al inmigrante maya-chortí de Guatemala porque se abalanzó sobre ellos. No sufrieron las consecuencias... de mentir ni de haber quitado la vida a un joven que intentaba salir adelante en una tierra extraña. Dos meses más tarde, en North Charleston (Carolina del Sur), un policía disparó a Walter Scott cuando, al igual que Pérez-López, huía corriendo. También Scott murió a consecuencia de las balas que le entraron por la espalda, pero su asesino alegó defensa propia en un relato que difería radicalmente de la grabación de vídeo (que, al parecer, muestra al agente depositando un arma sobre la víctima después de que se desplomara) y de los relatos de testigos presenciales. El asesino de Scott fue condenado a veinte años de cárcel.

La suposición subyacente en buena parte de los abusos sexuales descubiertos en la época del #MeToo ha sido que las víctimas seguirán sin tener voz. Quedar impune equivale a dar por sentado que nadie se enterará, ya que tus víctimas callarán por sentirse intimidadas o avergonzadas; o que, si hablan, podrás desacreditarlas o amenazarlas para que guarden silencio; o que, si no callan, nadie las creerá, porque tu credibilidad hará añicos la de ellas; que tu versión es la única que cuenta, aunque tengas que recurrir a medios brutales para que así sea. Jane Mayer y Ronan Farrow declararon lo siguiente sobre las cuatro víctimas de Eric Schneiderman, exfiscal general de Nueva York: «Todas se han mostrado reacias a hablar por miedo a las represalias».

La mayoría de nosotros creemos que la verdad es algo que emana de hechos que existen con independencia de nuestra voluntad y capricho; no tenemos nada que decir en el asunto. Creemos en una especie de realidad objetiva: algo ocurrió o no ocurrió; una frase se dijo o no se dijo; una sustancia es venenosa o no lo es. (Y, sí, en otro tiempo leí montones de textos de teoría posmoderna y conozco todos los contraargumentos, pero no estoy hablando de eso). Es evidente que la mayoría no somos todos, que una minoría de nosotros piensa que puede imponer una versión de la realidad disgregada de los hechos y siempre ha actuado así. Corrompe cuanto los rodea, y la corrupción empieza dentro de ellos.

Hay mentiras que los subordinados cuentan para evitar que los culpen, pero suelen referirse a cosas concretas («No me he comido el pastel», «No he llegado tarde») o a la supervivencia («No soy una indocumentada»), mientras que esos acosadores de los hechos fuerzan respuestas en otros, como cuando un padre amenazador insiste en que su familia finja que todo va bien y que lo adora, y que lo de la noche anterior no sucedió. El hacer luz de gas es un fenómeno cultural colectivo que consigue que las culturas se crean locas, del mismo modo que les ocurre a las víctimas individuales. Es disparatado suponer que debemos imaginar que los tiroteos masivos y la tasa de muertes por armas de fuego, de magnitud epidémica, no tienen nada que ver con la disponibilidad de las armas.

Últimamente hemos vuelto a ver que la indignación se desata en los poderosos cuando resulta que otras personas tienen algo que decir y es posible que se las escuche y se las crea. Al congresista Jim Jordan le exasperó que nueve exluchadores informaran de que, cuando era segundo entrenador de lucha libre en el estado de Ohio, se enteró de que el médico del equipo abusaba de ellos y no hizo nada. En los primeros meses de 2019, el congresista Devin Nunes interpuso una demanda en la que reclamaba doscientos cincuenta millones de dólares a dos cuentas paródicas de Twitter («La vaca de Devin Nunes» y «La madre de Devin Nunes») y a la asesora republicana Liz Mair, y otra por ciento cincuenta millones contra unos periódicos por informar sobre él. Los defensores de Darla Shine, esposa de Bill Shine, exmandamás de la Fox (y durante unos meses director de comunicación de la Casa Blanca), aseguraron que se la desprestigiaba al difundir las propias palabras de la mujer (palabras con las que, según el *Washington Post*, «preguntaba por qué se califica de racistas a los blancos por usar la palabra que empieza por ene y a los negros no, defendía la bandera confederada y destacaba los casos de delitos cometidos por negros contra blancos»).

Al igual que muchos otros movimientos por los derechos humanos, el feminismo es un proceso de amplificación de voces hasta que puedan defenderse por sí solas, y también un proceso de solidaridad, de manera que las vocecitas se acumulen hasta ser lo bastante fuertes para oponerse a los dictadores: lo que podríamos denominar «la teoría de la audibilidad *Horton escucha a Quién*». Así, en numerosos casos recientes —desde el de Bill Cosby al de Roger Ailes, consejero delegado de Fox News; desde el de Harvey Weinstein al de Brett Kavanaugh— se han recabado pruebas gracias a las mujeres que dieron un paso al frente para respaldar el testimonio de la mujer o las mujeres que rompieron el hielo.

En 2014, la cantante Kesha presentó una demanda para liberarse de su contrato discográfico alegando que su productor, Dr. Luke, alias de Luke Gottwald, la había maltratado y violado, y que ella apenas si tenía el control creativo de su propia música. (Un año antes sus fans habían iniciado una petición de «Libertad para Kesha»). Gottwald y la empresa se negaron a rescindir los contratos que la cantante había firmado cuando tenía menos de veinte años, de modo que se celebró un juicio que suscitó más interés por la situación... Cuando Kesha perdió, siguió atada a Dr. Luke, rehén de un hombre al que por lo visto teme y odia. Ahora, cuatro años después, él la ha demandado porque «la carrera musical de Gottwald nunca se recuperará del daño causado», es decir, del daño que ella causó por denunciarlo, con la consecuencia de que una superestrella de la canción con varios números uno en las listas de éxitos permanecería sin voz. Por otro lado, si suponemos que Kesha cuenta la verdad (y a mí me resulta creíble), Dr. Luke y quienes lo apoyan la culpan de lo que él hizo o de no mantenerlo en secreto. Suponen que él tiene derecho a la impunidad, esto es, el derecho a hacer lo que venga en gana y a dictar la realidad, el derecho a no confrontar versiones contradictorias, ni siquiera las de las otras partes implicadas.

Mientras tanto, el locutor de radio que manoseó a Taylor Swift en una presentación de 2013 y luego perdió la demanda que interpuso contra ella por haberlo contado —porque lo despidieron después de que la cantante denunciara el hecho— se queja de que ahora le da miedo hablar con las mujeres (quizá porque, al parecer, le cuesta distinguir entre hablar con una mujer y tocarle el culo, una confusión que hemos oído mencionar a muchos hombres a los que ahora les «da miedo charlar» con mujeres). Afirma que le gustaría decirle: «¿Cómo puedes tener la conciencia tranquila? Me has destrozado la vida». Lo cual parece ser su forma de decir que le traumatizó descubrir que una de las figuras de la música pop más poderosas tenía voz y que la gente la creyó cuando la usó. Durante el juicio, en la que quizá sea su actuación más espléndida hasta la fecha, Swift señaló que, en contra de las acusaciones y de convenciones arraigadas, ella no tenía el deber de proteger a su agresor: «No permitiré que usted o su cliente me hagan sentir que es culpa mía. Aquí estamos al cabo de los años, y se me culpa de unos hechos desafortunados de su vida que son producto de sus decisiones, no de las mías». Atacó la suposición de que tenía que procurar que él siguiera llevando una vida plácida sin importar lo que hubiera hecho; que era inadmisible cualquier verdad contraria al bienestar del hombre.

Quizá no deberíamos hablar de poder, sino de «poderes»: los que generamos y los que la gente nos otorga o nos niega. El poder de la credibilidad se reparte de forma tan desigual como cualquier otro. La policía supone que tiene más que aquellos que están en su punto de mira; los hombres suponen que tienen más que las mujeres; los blancos más que los no blancos. Vivimos en una época en que se ha allanado la posesión de esa preciosa ventaja. La credibilidad no es intrínseca; reside en la forma en que responde la gente. Y aquellos a quienes se silencia de antemano carecen incluso de posibilidades de tener credibilidad.

El ritmo frenético y compulsivo de las mentiras del presidente me parece, cada vez más, una versión delirante de la prerrogativa de dictar la realidad. Es un modo de decir: «Yo decido lo que es cierto y tú te aguantas, aunque sepas que es una trola». Cuando eres una estrella, te dejan hacerlo, y la magnitud de tu estrellato puede medirse por cuánto obligas a la gente a aceptar —o a fingir que aceptan— en contra de su inteligencia, ética y orientación ideológica. Al fin y al cabo estamos hablando del embustero que el 21 de enero de 2017, en la sede de la CIA, contó a centenares de empleados de la agencia —personas escépticas cuya profesión consiste en la recopilación y verificación de datos— mentiras fáciles de refutar sobre la cifra de asistentes a su investidura y sobre el tiempo que había hecho el día anterior. Es improbable que ni uno solo le creyera, pero quizá otra característica de los poderosos sea conformarse con las apariencias superficiales, con obligar a los demás a enzarzarse en mentiras recíprocas.

Aquel día, el nuevo presidente le dijo a la CIA: «Y la razón por la que sois mi primera visita es que, como sabéis, estoy librando una guerra con los medios de comunicación. Se cuentan entre los seres humanos menos honrados de la tierra. ¿No es verdad? Han dado a entender poco más o menos que estoy peleado con la comunidad de los servicios de inteligencia». Y lo estaba, ya que unas semanas antes los había comparado con la Alemania nazi; claro que suele elogiar a la cara a aquellos a quienes ataca a sus espaldas, como hizo con la primera ministra británica Theresa May (aunque luego negó sus declaraciones; el titular del *Washington Post* rezaba: «Trump niega haber dicho algo que dijo en una grabación que todo el mundo ha oído»). Una imagina que desde la infancia no ha tenido que rendir cuentas de nada; parece más que posible que, después de toda una vida así, esté convencido de que, en efecto, puede dictar la realidad, o de que esta no existe o de que solo existe cuando a él se le antoja. O sea, es un nihilista y un solipsista (hace poco, una persona amiga mía lo comparó con un niño pequeño que, cuando cierra los ojos, cree que nadie lo ve).

A veces, sus mentiras se consideran una distracción o algo irritante, pero son peligrosas en sí mismas, y él es el producto de un sistema que produce e impone mentiras. En la asombrosa reunión que en el verano de 2018 tuvo con Putin en Helsinki, Trump insistió en que creyéramos las palabras de Putin antes que las del servicio de inteligencia de Estados Unidos, las agencias de noticias mundiales y numerosos miembros del Senado y el Congreso. Lo que hay que recordar en este punto sobre los atentados a la verdad es que son atentados.

Durante décadas, Fox News y comentaristas de derechas han militarizado la mente de los seguidores de Trump promoviendo conspiraciones y negando fenómenos decisivos, entre ellos los importantes papeles que la inmigración desempeña en nuestra economía y la apremiante realidad del cambio climático causado por los humanos. El país vive ahora una especie de guerra civil, y parte de lo que está en juego es la verdad y los hechos en forma de historia documentada, los datos científicos, la responsabilidad política y la observancia de la ley, así como los métodos con que se establecen los hechos y la presunción de que estos importan.

George Orwell escribió lo siguiente en «La destrucción de la literatura»:

> Un Estado totalitario es, de hecho, una teocracia, y para conservar su puesto, la casta gobernante necesita que la consideren infalible. Pero como, en la práctica, nadie lo es, resulta necesario reescribir el pasado para aparentar que nunca se cometió tal o cual error o que tal o cual triunfo imaginario sucedió en realidad. [...] El totalitarismo exige, de hecho, la alteración continua del pasado y, a largo plazo, probablemente la falta de fe en la existencia misma de la verdad objetiva.*

Internet ha producido su propia forma de relativismo informativo. Facebook aguantó el chaparrón de críticas por su prolongada negativa a vetar —en medio de lo que se suponía que era una limpieza informativa— a InfoWars, que, entre otras teorías conspirativas que ha promovido, aseguró que la matanza de niños de la escuela Sandy Hook fue un montaje y que los supervivientes del tiroteo masivo perpetrado por el adolescente Parkland eran «actores de simulacros». Preguntado por la conti-

---

* George Orwell, «La destrucción de la literatura», traducción de Miguel Temprano, en *El poder y la palabra: 10 ensayos sobre lenguaje, política y verdad*, Barcelona, Debate, 2017.

nua presencia de InfoWars, el jefe de News Feed de Facebook, John Hegeman, declaró: «Considero que en parte lo fundamental es que creamos Facebook para que fuera un lugar donde personas diferentes tuvieran voz. Y los diferentes editores tienen puntos de vista muy distintos». Al parecer no le preocupa que algunos de ellos sean difamatorios y de una falsedad destructiva (los padres y las madres de la escuela de Sandy Hook, seis de los cuales se querellaron contra InfoWars, han recibido amenazas de personas a las que InfoWars indujo a creer que la masacre fue «un montaje para quitaros las armas»). Esta es una consecuencia de que las empresas de internet aseguren ser plataformas neutrales en vez de organizaciones de información, con las responsabilidades que siempre ha conllevado ese papel. Es el resultado de su deseo de servir cualquier producto a cualquier cliente siempre y cuando sea rentable.

Facebook vetó por fin a InfoWars en agosto de 2018. Retiró otras veintidós páginas de Facebook vinculadas a Jones más tarde, en febrero de 2019, no mucho después de que Mark Zuckerberg, su consejero delegado, le dijera a la periodista tecnológica Kara Swisher: «Pero, al fin y al cabo, no creo que nuestra plataforma deba eliminar eso porque me parezca que hay temas en los que diversas personas se equivocan... No creo que se equivoquen de manera intencionada. Es difícil poner en duda las intenciones y entenderlas. Solo opino que, por muy importantes que sean algunos de esos ejemplos, es cierto que yo también me equivoco cuando hablo en público». Cuesta no interpretarlo como una postura liberal de «todo el mundo tiene derecho a sus propios hechos» que pasa por alto el impacto desigual de, por ejemplo, las teorías conspirativas y las amenazas de muerte en los medios de comunicación social. «Desde la cima de su montaña ven llano el campo de juego» es uno de mis refranes de siempre.

Entretanto, *Algorithms of Oppression: How Search Engines Reinforce Racism*, de Safiya Umoja Noble, plantea que una de las fuerzas impulsoras del racismo de Dylann Roof, el asesino en masa de la iglesia de Charleston, fue Google. En una reseña sobre el libro de Noble publicada en *Pacific Standard*, James McWilliams cuenta que Roof realizó una búsqueda de «crímenes de negros contra blancos» que le dirigió a un sitio web del Consejo de Ciudadanos Conservadores, una organización supremacista blanca que propaga mentiras. Google es dueño de YouTube, que, según informó el *Wall Street Journal* en febrero de 2018, ofrece recomendaciones «que a menudo presentan un contenido controvertido, engañoso o falso». La analista de tecnologías Zeynep Tüfekçi señaló que el algoritmo de YouTube «parece haber concluido que la gente se siente atraída por contenidos más extremistas que aquellos con los que empezó..., o por contenidos incendiarios en general», y les ofrece lo que quieren o lo que cree que quieren, sea o no bueno para ellos, para nosotros o para el relato de los hechos. En otras palabras: las empresas más poderosas del planeta han llegado a la conclusión de que la mentira es lucrativa y buscan ese lucro.

Como bien señaló Hannah Arendt: «El objeto ideal de la dominación totalitaria no es el nazi convencido o el comunista convencido, sino las personas para quienes ya no existen la distinción entre el hecho y la ficción (es decir, la realidad empírica) y la distinción entre lo verdadero y lo falso (es decir, las normas del pensamiento)».* Establecer esas distinciones, esforzarnos por ser claras, es resistencia. En parte consiste en apoyar y leer medios de información de calidad (por ejemplo, los periódicos cuya base

---

* Hannah Arendt, *Los orígenes del totalitarismo*, traducción de Guillermo Solana Alonso, Madrid, Taurus, 1998.

económica ha quedado socavada por internet) e informarse tanto de las noticias que publican como de los antecedentes históricos de la actual crisis que podemos encontrar en libros (y en las universidades; merece la pena señalar que hoy en día también se ataca la importancia de la enseñanza de las humanidades, uno de cuyos valores estriba en convertirnos en tamices reflexivos de información con una buena base de conocimientos de historia). Consiste en conservar la capacidad de verificar los datos y tamizar y evaluar la información y nuestra independencia de criterio. La firmeza y la constancia son claves para resistir y tener claro quiénes somos y qué opinamos. Los principios son contagiosos y, aunque necesitamos acciones directas y radicales, también es importante la fuerza catalizadora de miles de personas que se mantienen fieles a sus principios y viven de acuerdo con los hechos. Eso implica que tanto nosotros como quienes nos rodean nos aferremos a un grado elevado de exigencia en lo referente a la verdad y el rigor.

La igualdad es también un arma contra las mentiras. Si el privilegio de dictar conduce a la dictadura, la obligación de rendir cuentas conduce a lo contrario. Crear esa responsabilidad de dar explicaciones incluso a pequeña escala —con grupos que controlen a la policía, apoyando a las víctimas de agresiones sexuales y a quienes sufren el racismo, verificando los hechos y comprometiéndose con el rigor incluso en las conversaciones personales— es una forma de resistencia importante. Tenemos por delante la tarea de conseguir que impere a escala nacional e internacional, y con una fuerza que las mentiras no logren dominar.

El prejuicio inconsciente se presenta a la presidencia

El prejuicio inconsciente vuelve a presentarse a la presidencia. Siempre ha participado en la carrera presidencial, y su compinche, la discriminación institucional, lo ha ayudado desde el principio a seguir adelante; en consecuencia, todos nuestros presidentes han sido varones y todos menos uno han sido blancos, un hecho que hasta hace poco ni siquiera se discutía. Por lo tanto, quién «parece presidencial» se convierte en un *uróboro* tautológico que se muerde con fuerza la cola. El Partido Republicano ha aceptado más que de sobra su condición de fraternidad del prejuicio consciente, que tras darse un atracón alcohólico de rencor hasta perder el conocimiento se transforma en prejuicio inconsciente. Pero eso también afecta al Partido Demócrata y sus votantes, entre quienes los prejuicios tal vez no deberían tener tan buena acogida.

Uno de los hechos más curiosos y desagradables de las elecciones de 2020 es que los varones blancos, pese a representar una pequeña minoría del electorado demócrata, poseen un control muy desproporcionado del dinero y los medios de comunicación, y esperan tener una influencia excesiva en la carrera por la candidatura. Esta es una de las numerosas maneras en que se impide que se cumpla lo de «una persona, un voto», ya que tenemos esa otra cosa que decide quién logra votar (también conocida como «supresión de votantes») y a quién logramos votar. En 2016, los hombres blancos supusieron aproximadamente el treinta y cuatro por ciento del electorado, y apenas un once por ciento de quienes votaron a la candidata demócrata, ya que más de dos tercios de ellos se inclinaron por Trump o por la candidatura de un tercer partido. También un once por ciento de la población negra votó al Partido Demócrata (un noventa y cuatro por ciento de las mujeres negras optó por él, el porcentaje más alto de entre los principales grupos sociales). Las negras y las latinas representan una proporción del electorado demócrata comparable a la de los hombres blancos. Por lo tanto, en un sistema igualitario, lo que el electorado negro o las mujeres no blancas quieren de un candidato demócrata debería ser al menos tan importante como lo que quieren los varones blancos.

Sin embargo, el poder no se reparte de manera equitativa, y demasiados hombres blancos —políticos, gerifaltes de los medios de comunicación, financiadores, gente con la que me enfrento en los medios sociales— utilizan el suyo de formas conocidas. Además, muchísimos de ellos obtendrán una medalla al prejuicio inconsciente. En 2016 escribí: «Con su profunda convicción en su especial monopolio de la objetividad, demasiados hombres me aseguran que no hay misoginia en sus apreciaciones subjetivas, ni siquiera subjetividad ni emoción alguna que los impulse, y que no hay fundamentos para otras opiniones, ya que la suya no es una opinión». Ojalá ya no fuera así, y temo hasta qué punto afectará una vez más a los resultados electorales.

Acabo de pasar un mes viendo cómo hombres blancos en concreto discuten sobre quién tiene carisma, capacidad de conectar o más probabilidades de ganar unas elecciones. Hablan como si fueran características objetivas, como si su punto de vista particular sobre ellas fuera verdad o real en vez de una cuestión de gusto, como si lo que les gusta a los varones blancos le gustara a todo el mundo, o como si los varones blancos fueran los importantes, lo cual quizá sea un vestigio de la larga época infame en que solo votaban ellos. Es una forma de confianza en uno mismo que raya en la locura, puesto que una de las definiciones de ese estado es la incapacidad de distinguir entre las sensaciones subjetivas y las realidades objetivas.

Ryan Lizza, despedido por el *New Yorker* debido a una conducta sexual inapropiada que no llegó a revelarse, tuiteó: «Las cifras de recaudación de fondos de Kamala Harris resaltan lo impresionantes que son las de Pete Buttigieg», cuando las de ella casi doblaban a las de él, y quizá en este punto sea relevante quién tiene dinero para donarlo y por qué los hombres blancos siempre han conseguido seguir adelante mientras que el avance de las mujeres negras se ha frenado. Un hecho destacable de las elecciones de 2016 es que a algunos de los principales comentaristas cuya misoginia contribuyó a moldear la campaña —entre ellos, Matt Lauer, Charlie Rose, Mark Halperin y Glenn Thrush— se les acusó más tarde de abuso o acoso sexual; es decir, sus prejuicios públicos coincidían con una vergonzosa conducta privada. Con anterioridad se había desenmascarado a Bill O'Reilly y a Roger Ailes, ambos de la cadena Fox; también se ha denunciado a jefes de cadenas de televisión, directores y productores como violadores en serie que están a cargo de nuestros relatos dominantes.

Entretanto, el *New York Times*, con toda su augusta insoportabilidad, publicó una frase antológica en un artículo que informaba de que Joe Biden no había ofrecido a Anita Hill una disculpa que ella consideraba necesaria: «Muchos exasesores de la Comisión de Asuntos Judiciales y otras personas que participaron en ella no quisieron hablar a micrófono abierto porque temían que el examen del comportamiento pasado del señor Biden socavara la campaña del candidato que, en opinión de algunos, está mejor situado para derrotar al presidente Trump, cuyo trato a las mujeres es un problema importante a ojos de los demócratas». Creo que la traducción sería: «Dejemos que se presente un tío cuyo trato a las mujeres es un problema y pasemos por alto ese trato porque consideramos que está mejor situado para derrotar al tío cuyo trato a las mujeres es un problema. Además, a la mierda eso de considerar un problema el trato a las mujeres, y menos aún a esa negra».

En ocasiones, esos tipos blancos con plataformas gigantescas dicen memeces, como le ocurrió a James Comey cuando se quejó de que Amy Klobuchar, que había sido su compañera de clase, era «irritantemente lista», quizá porque, en su cosmovisión, las mujeres no deberían ser así. Otro hombre tuvo la desfachatez de explicarme que las personas «empollonas e inteligentes no acaban convertidas en las estrellas mediáticas que hay que ser para ganar las elecciones presidenciales; ahí tienes a Hillary Clinton: superlista, bien informada, pero con pinta de creída y sabelotodo. Esa misma impresión me da Kamala Harris». En otras palabras, ese hombre supone que ambas saben demasiado y que se trata de un defecto de ellas, no de él. La idea de que la inteligencia es un mérito en los varones y un defecto en las mujeres resulta exasperantemente familiar.

Una persona amiga mía publicó un elogio dirigido a Elizabeth Warren y un hombre se apresuró a decir: «Eso es irrelevante porque no va a conseguir la presidencia. Con suerte lo logrará Bernie Sanders». He oído a infinidad de hombres blancos asegurar que Warren no puede ganar porque es una intelectual, y cuando les comento que los dos últimos presidentes demócratas tenían fama de intelectuales tengo que oír que ellos poseían carisma y Warren no. Soy una mujer de mediana edad y posiblemente una intelectual, o al menos con un montón de información abstrusa y un vocabulario amplio, de modo que Elizabeth Warren me parece espléndida y, si la expresión «me representa» no sufre una muerte tardía, pues a mí también «me representa». Cuando habla de desarticular las grandes empresas tecnológicas o pide con seguridad en la voz que se inicie el proceso de destitución del presidente, o cuando expone otro de sus planes bien elaborados para cambiar el mundo, es convincente y justo lo que espero ver en los líderes. Kamala Harris, al interrogar a Jeff Sessions y Brett Kavanaugh hasta que tiemblan, me resulta fascinante, sumamente hábil y poderosa, características que quizá formen parte de lo que entendemos por carisma.

Pero soy una mujer, por lo que siempre he sido consciente de que lo que me gusta a mí no le gusta a todo el mundo. A fin de cuentas, otra persona amiga mía contó que un hombre había afirmado que se le «encogen los huevos» con solo oír la voz de Warren, de modo que al parecer la probabilidad de ganar unas elecciones está ligada a un arranque de alegría, privativo de un género, en el escroto. Eso me recuerda las declaraciones de Kanye West sobre la gorra MAGA (siglas del eslogan de Trump, *Make America Great Again*, «Que América vuelva a ser grande»): «En cierto sentido la gorra me da poder. Mi padre y mi madre se separaron, así que no tuve mucha energía masculina en casa. Llevar la gorra puesta tenía algo que me hizo sentir como Superman». West no es blanco, pero es un experto en el prejuicio inconsciente con su idea, muy extendida entre los varones, de que un presidente o un candidato a la presidencia debería producir el mismo efecto general que la viagra, y me recuerda que en algunos momentos las elecciones de 2016 me parecieron un referéndum eréctil.

Como manifestó hace poco la filósofa feminista Kate Manne, el problema estriba en que lo que decimos ahora no son solo comentarios sobre lo que es posible, sino que determina eso que es posible. En palabras suyas: «Si supiéramos a ciencia cierta que una candidatura no podría vencer a Trump, sería un motivo para no respaldarla. Sin embargo, la probabilidad de ganar unas elecciones no es un hecho social estable; es un hecho social que vamos construyendo. Lo que en parte convertirá a una persona en ineligible es que la gente pierda la fe en ella de forma prematura, en lugar de apoyarla a muerte». Entretanto, infinidad de medios de información se han esforzado en asociar a las candidatas con un vocabulario negativo. «Cómo evita Elizabeth Warren ser una nueva versión de Clinton: tachada de antipática antes de que despegue su campaña», tuiteó *Politico*. «No puedo creer que Elizabeth Warren vaya a perder contra esos tíos» es el titular de un artículo de *Jacobin* que la asocia al fracaso.

Una candidatura tiene posibilidades en parte gracias a la cobertura positiva que recibe, y la cantidad de cobertura positiva que recibe se relaciona con cómo los poderes mediáticos deciden quién tiene posibilidades, y así se produce el círculo de retroalimentación. Perry Bacon Jr. escribe en el sitio web *FiveThirtyEight*: «Como la mayoría de la población de Estados Unidos es blanca, y como un número significativo de estadounidenses tiene una opinión negativa sobre las mujeres y las personas no blancas, hacer mucho hincapié en las probabilidades de ganar podría equivaler a animar a quienes no sean hombres blancos y cristianos a no presentar su candidatura, o a presentarla solo si acceden a pasar por alto asuntos relacionados con su identidad personal o a restarles importancia». Y si un partido está formado en su mayoría por mujeres y personas de color, ¿se impondrían los mismos factores? ¿No nos encontraríamos en una situación en la que los hombres blancos no contarían demasiado?

El prejuicio inconsciente se presenta a la presidencia. Quien defienda la candidatura de una persona que no sea blanca ni varón no solo tiene que competir con los rivales oficiales, sino enfrentarse además al peso de la desigualdad y de los prejuicios en un campo de juego casi tan llano como los Grand Tetons. Vencer dista de ser imposible, pero se requiere un esfuerzo adicional. Porque lo de «igual trabajo, igual salario» no es una realidad mientras el no ser de piel blanca o varón o heterosexual exija toda esa tarea extra y se acompañe de todos esos obstáculos adicionales.

La supresión de votantes empieza en casa

La activista progresista Annabel Park contó una anécdota que me hizo reflexionar. «No puedo dejar de pensar en una mujer a la que conocí cuando hice campaña puerta a puerta por Beto en Dallas —escribió en una red social días antes de las elecciones de mitad de mandato de 2018, en las que Beto O'Rourke se enfrentaba a Ted Cruz, senador republicano por Texas—. La mujer vivía en un caótico edificio de apartamentos de renta baja. Llamé a la puerta un par de veces antes de que ella la abriera, con su marido pegado a la espalda. Parecía petrificada, y el marido, amenazador detrás de ella. Cuando hablé del candidato al Senado Beto O'Rourke, el hombre me soltó a gritos: "No nos interesa". Ella me miró y me dijo moviendo los labios en silencio: "Apoyo a Beto". Se apresuró a cerrar la puerta antes de que pudiera responderle».

Annabel me contó después: «No se me va de la cabeza. ¿Acaso él le pegaría? Fue lo que temí».

Existe una forma de intimidación de votantes extendida y no reconocida: la de los hombres que tiranizan, acallan y controlan a su esposa, como han visto las decenas de participantes en campañas puerta a puerta a lo largo del país con quienes he hablado. Las mujeres preguntaban directamente al marido a quién iban a votar los dos. Muchas parecían acobardadas. Ellos abrían la puerta y se negaban a que su esposa hablara con quienes hacían campaña, o no le dejaban decir nada o le gritaban, o afirmaban que ella votaría por la candidatura republicana aunque estuviera inscrita como demócrata, o aseguraban que no había ningún demócrata en la casa porque ella no le había dicho que lo era. Una persona amiga mía de Iowa me contó: «Pregunté a la mujer que me abrió la puerta si tenía intención de votar, y detrás de ella apareció un hombre que dijo, con bastante brusquedad: "Soy republicano". Y me cerró la puerta en las narices sin darme tiempo a decir nada».

Y otra me explicó: «Una mujer de Michigan a la que mandé un mensaje de texto me dijo "tengo prohibido" votar por esa candidatura». Muchas personas que han hecho campaña me han contado que esas experiencias eran corrientes. No he encontrado relatos del fenómeno inverso: mujeres que dominan al marido, u hombres que obligan a la esposa a votar por la candidatura demócrata. Naturalmente, he hablado con personas que hacían campaña por candidaturas demócratas, y la violencia machista se da en todo el espectro político, pero la intimidación de la que me han informado parecía consistir sobre todo en obligar a la esposa a optar por la derecha o a no participar en las elecciones (y, aunque también existe la intimidación por parte de la izquierda, nadie me ha mencionado ningún caso como problema machista).

«La mujer me vio y se levantó de un salto de la mesa para detenerme antes de que me diera tiempo a llamar —me contó una persona que hizo campaña en California—. Sin pronunciar ni una palabra puso las manos con delicadeza delante del cuerpo, con las palmas hacia mí, y las movió de derecha a izquierda como para decirme: "No, gracias. Váyase sin hacer ruido, por favor"». Era una de las muchas que parecían tener miedo al marido.

Participar en campañas puerta a puerta, como he hecho yo varias veces en el norte de Nevada desde 2004, es una experiencia extraordinaria. Se ve cómo el perfil demográfico se descompone en rostros, relatos, jardines dejados o bien cuidados; se ven urbanizaciones y barrios de chabolas; se ve a gente que se muestra segura y ferviente respecto a las siguientes elecciones y a gente que duda o a la que le traen sin cuidado. Se conoce a las personas en el lugar donde viven, y algunas viven en cautividad, asustadas, sometidas. La violencia de la violencia machista se entiende mejor como subconjunto de lo que suele denominarse «control coercitivo»: el intento de dominar a alguien por medios psicológicos (también pueden ser económicos, físicos, sociales y políticos) impidiéndole intervenir en actividades sociales, tener opiniones propias y ejercer la autoridad sobre su cuerpo, su vida, su economía y sus verdades. Es perfectamente lógico que se aplique al derecho al voto, puesto que es aplicable a todo.

El único artículo sobre el tema que he logrado encontrar es de Danielle Root, quien señala:

> Una de las tácticas más corrientes que quienes infligen maltratos domésticos emplean contra las personas que han sobrevivido a ellos consiste en aislarlas de la familia, de los amigos y de los miembros de la comunidad. [...] Además, a menudo les limitan o controlan el acceso al mundo exterior por teléfono o internet. [...] El aislamiento es especialmente problemático para las personas que sufren violencia de pareja y desean votar.

Root añade: «El puerta a puerta de las campañas electorales presenta asimismo una amenaza potencial incomparable para quienes sufren la violencia de pareja».

Mi amiga Melody se topó con un hombre de Nevada que, sin apagar en ningún momento el soplador de hojas, le gritó por encima del estruendo: «¡Esta es una casa ROJA! ¡Esta casa es republicana!». Melody me contó:

Le digo: «He venido a hablar con Donna». «No, ella no quiere hablar con usted». Me planteo decirle: «Me parece que esta es una casa violeta, ya que Donna es demócrata». Pero enseguida pienso: «A lo mejor él no lo sabe. A lo mejor ella se mete en la cabina y vota lo que quiere sin decirle nada». Pero ¿y si ella no se mete en la cabina? ¿Y si votan en la mesa de la cocina? ¿Mirará él la papeleta de ella? ¿Tendrá miedo ella de rellenarla según sus preferencias en vez de las de él?

Emily van Duyn publicó en el *Washington Post* un reportaje sobre los grupos secretos de mujeres demócratas de Texas, en el que escribió:

Muchas se ocultan porque quieren evitar el conflicto social e incluso temen mostrarse abiertamente progresistas en su comunidad. Su experiencia de miedo e intimidación pone en tela de juicio las suposiciones sobre la democracia en Estados Unidos. Es decir, en una auténtica democracia liberal, la gente tendría que poder expresar sus puntos de vista sin temor a las represalias. La decisión de esas mujeres de entrar en la clandestinidad y seguir así nos invita a reconsiderar el privilegio de manifestarse políticamente en público y la posibilidad de que lo que vemos en la superficie de nuestras comunidades, las pancartas de los jardines, las pegatinas de los coches, no sea toda la realidad.

Nadie sabe hasta qué punto la dominación comunicada por quienes hacen campaña puerta a puerta impediría a las mujeres votar de acuerdo con sus ideas y prioridades, o incluso participar en los comicios, o si alcanza tales proporciones como para influir en los resultados electorales. Naturalmente, hay multitud de mujeres de derechas que votan con entusiasmo a la candidatura conservadora que desean, pero, observando las enormes brechas de género entre los partidos demócrata y republicano, o escuchando la infinidad de anécdotas de las campañas puerta a puerta, se advierte que hay muchos matrimonios formados por mujeres demócratas y hombres republicanos, y muchos hombres republicanos que intentan controlar la expresión política de su esposa. Ha habido otros tipos de acoso en público y en las redes sociales tanto en la izquierda y el centro como en la derecha, pero, por las historias que conozco y por las personas con experiencia en campañas puerta a puerta con las que he hablado, esa opresión de la pareja es en buena medida un fenómeno conservador y, puesto que el electorado conservador es blanco en su mayoría, probablemente un fenómeno blanco también (aunque el control coercitivo se da en todas las razas y orientaciones políticas).

El problema es relevante por tratarse del derecho al voto, influya o no en los resultados, además de recordarnos que hay muchas mujeres que no son libres ni iguales en su vida doméstica. Otra persona que hizo campaña puerta a puerta contó que uno de esos maridos, esta vez de Turlock (California), dijo de su esposa: «Si necesita saber lo que debe votar, la llevaré al fondo y le pegaré». El hombre lo decía medio en broma, medio en serio. Una mujer me contó: «Varias republicanas han contactado conmigo en privado para preguntarme si sus maridos podían averiguar lo que votan». Otra me habló de un hombre que confiscó las sillas del coche de sus hijos para que su esposa no saliera de casa con los niños para ir a votar.

Este panorama desagradable y corriente plantea otra pregunta acerca de si la práctica cada vez más habitual de rellenar la papeleta en casa para votar por correo no sustrae la privacidad de la cabina electoral y la posibilidad de las mujeres y otros miembros de la familia de actuar conforme a sus ideas sin que eso tenga consecuencias. Nos recuerda por qué la larga búsqueda del sufragio por parte de las mujeres en Estados Unidos y otros lugares fue tan radical. Afirmar que las mujeres debíamos votar equivalía a afirmar que debíamos participar en la vida pública como personas iguales e independientes, con el derecho a actuar en nuestro propio nombre y pensando en nuestros intereses. Antes de que se extendiera el voto por correo, votar era un acto que se realizaba en público entre otros miembros de la comunidad, un rito de ciudadanía que parece desvanecerse, como otras muchas cosas de la vida pública.

El movimiento por el sufragio femenino chocó con leyes que básicamente definían a la mujer como propiedad del marido o bajo la tutela de este, quien tenía derecho a controlar el cuerpo de ella, su trabajo, sus ingresos y sus bienes. Chocó con la costumbre que sostenía que el ámbito de la mujer era la vida privada y que el papel femenino consistía en respetar y obedecer al hombre de la casa. «Él toma las decisiones» es una frase con la que me familiaricé en los relatos de quienes han hecho campaña puerta a puerta.

Naturalmente, el programa conservador es lo que podríamos denominar «desigualdad matrimonial», una relación asimétrica en la que los hombres ejercen casi todo el poder. El derecho a votar de acuerdo con nuestra conciencia y nuestras prioridades no difiere tanto del derecho a controlar nuestro cuerpo o a acceder en igualdad de condiciones y derechos a un puesto de trabajo. Es un derecho que se supone que debemos tener porque las leyes dicen que somos iguales. Pero no lo somos. Como ocurre con la infinidad de medidas republicanas para impedir que los ciudadanos acudan a las urnas en masa —el programa de verificación interestatal de registros de votantes, las leyes de identificación de votantes, la limitación de los centros electorales y de los horarios de votación—, esta tiranía doméstica es un intento de limitar quién decide qué debería ser este país.

Las mentiras se convierten en leyes

Las leyes contra el aborto se forjan sobre mentiras contra el aborto. Mentiras sobre cuestiones como quién aborta y por qué, qué es el aborto, cómo funciona el cuerpo femenino y cómo se desarrolla el feto. Las mentiras allanan el camino a las leyes.

Están las mentiras de siempre, como las que insinúan que las mujeres que abortan son unas frescas despreocupadas que odian a los niños (el cincuenta y un por ciento de los abortos se da entre mujeres que un mes antes de quedarse embarazadas usaban métodos anticonceptivos; el cincuenta y nueve por ciento, entre mujeres que ya eran madres; el setenta y cinco por ciento, entre mujeres pobres y con ingresos bajos; en el ciento por ciento de los embarazos no deseados intervienen hombres). Últimamente circula una nueva mentira descomunal: que las mujeres y el personal médico conspiran para matar a las criaturas en cuanto nacen y decir que ha sido un aborto. Es una patraña que incita a los conservadores a considerar a las gestantes y al personal sanitario unos asesinos despiadados a quienes habría que acorralar con aún más leyes dirigidas contra ellos. Mientras que muchas de las mentiras más añejas sobre el aborto eran tergiversaciones y exageraciones, esta es una invención total y peligrosa.

En un mitin celebrado en Wisconsin a finales de abril de 2019, Donald Trump dijo: «La criatura nace. La madre se reúne con el personal médico. Cuidan de la criatura. La envuelven con primor y luego el personal médico y la madre deciden si la ejecutarán o no». (Lo más parecido a esta situación inverosímil es cuando los bebés nacen con lo que en ocasiones se denomina «enfermedades incompatibles con la vida» y, según el criterio de los progenitores, reciben cuidados paliativos en lugar de ser sometidos a intervenciones muchas veces complejas que posponen la muerte, pero no la evitan). Ainsley Earhardt, presentadora de la Fox, amplificó la mentira al afirmar: «Creo que a los demócratas les salió el tiro por la culata cuando dijeron que es posible abortar incluso después del nacimiento de la criatura o matarla después de que nazca». Este marco mental ayuda a presentar como un asesinato el aborto en cualquier etapa y por cualquier motivo.

Lo que tiene una importancia capital es que esta mentira haya contribuido a crear un clima en el que el poder legislativo de Georgia y el de Alabama se mostraran dispuestos a penalizar a la profesión médica y a someterla a nuevos tipos de inspección. Tal como informó la CNN, según una nueva ley de Alabama, «cualquier médico condenado por practicar abortos en el estado se considerará un delincuente de clase A, el grado más alto en Alabama». La idea de que el aborto es un asesinato se ha esgrimido para justificar los verdaderos asesinatos: el 31 de mayo de 2019 se cumplieron diez años del asesinato del médico abortista George Tiller en Wichita (Kansas); a finales de 2015, un pistolero blanco con un historial de violencia doméstica la emprendió a tiros en un centro de planificación familiar de Colorado, mató a tres personas que tenían hijos pequeños e hirió a varias más. Dijo que era «un guerrero de los bebés». Los centros de planificación familiar ofrecen abortos, que representan una pequeña proporción de los servicios que prestan, y, como proveedores básicos para la nación de asistencia reproductiva, lo cual incluye métodos anticonceptivos y educación sexual, los previenen.

Por la época en que se difundió esta fábula del infanticidio, Steve Scalise, congresista republicano por Luisiana y jefe de su grupo parlamentario en la Cámara de Representantes, tenía en la parte superior de su página web gubernamental un «seguimiento de la petición para admitir a trámite el proyecto de ley sobre nacidos vivos». Dicha petición forma parte de una campaña que insinúa que, muchas veces, los abortos dan lugar al nacimiento de fetos vivos viables a los que se mata o se deja morir. La mayoría de los abortos se producen antes de que el embrión o el feto sean viables fuera del útero; aunque es extremadamente infrecuente que un feto sobreviva a un aborto quirúrgico, hay leyes estatales y federales que regulan esos casos, a menudo formuladas de tal modo que parece que dichos casos sean más comunes, y las consecuencias, más homicidas.

Muchos proyectos de ley nuevos llevan incorporada otra mentira: la idea de que evitan el aborto de fetos en los que se detecta el latido del corazón. En realidad, los denominados «proyectos de ley del latido fetal» serían aplicables también a embriones que aún no se han convertido en fetos y cuyas células todavía no se han transformado en órganos complejos, como un corazón totalmente formado.* A las seis semanas, el embrión tiene poco más de

* Este artículo se publicó por primera vez en el *Guardian*, que poco después anunció que el periódico no volvería a usar la expresión «proyecto de ley del latido cardiaco» para aludir a las prohibiciones restrictivas del aborto que avanzan en los cuerpos legislativos estatales de Estados Unidos. «Queremos evitar el vocabulario engañoso e impreciso desde el punto de vista médico al informar sobre los derechos reproductivos de la mujer —afirmó John Mulholland,

un centímetro de largo. Según la doctora Colleen McNicholas, ginecóloga y obstetra, «es incorrecto decir que en un embarazo de seis semanas hay algo fetal». Explicó a una periodista del *Huffington Post*: «En ese momento no es más que dos tubos con un par de capas de células cardiacas que pueden vibrar u ocasionar una especie de movimiento que coloquialmente solemos denominar "latido fetal"». Esos proyectos de ley parecen concebidos para influir en la imaginación popular, no para dejar constancia precisa del desarrollo del embrión en el útero. No obstante, se supone que gracias a la ley de Georgia se ofrecerá «a las mujeres que pretendan abortar información de la presencia de un latido humano detectable».

Hay quien teme que las recientes leyes conduzcan a una criminalización más generalizada de los abortos espontáneos. De momento, un millar de mujeres con abortos espontáneos han sido penadas. Hace poco, el sitio web *Jezebel* informó de lo siguiente: «Las mujeres negras y aquellas con ingresos bajos tienen más posibilidades de ser detenidas por imputaciones relacionadas con la gestación». Según un estudio de 2018, hasta un veinte por ciento de los embarazos conocidos, quizá la mitad de todos los embarazos, desemboca en abortos espontáneos. Penalizarlos implica que, si mantienen relaciones sexuales con hombres, aquellas capaces de concebir correrán el riesgo de que se las castigue por un hecho biológico común que escapa a su control. Es imaginable que en ese mundo, si las autoridades se enteran, gracias a las visitas médicas (o a *apps* de fertilidad), de que una mujer está embarazada, esta se arriesgue a que la acusen del «delito» de haber tenido un aborto espontáneo o una interrupción voluntaria del embarazo, lo que incitaría a evitar los servicios de salud. En junio de 2019, una mujer de Alabama a la que dispararon en el estómago a finales de 2018 fue detenida por la muerte del feto de cinco meses que llevaba en el vientre. No se presentó ninguna acusación contra la mujer que le disparó; el argumento fue que la culpa la había tenido la embarazada (negra y pobre) por haberse enzarzado en una pelea. Más tarde se retiraron los cargos.

Al igual que otras numerosas leyes estatales recientes, la de Georgia prohíbe el aborto en una etapa de la gestación tan temprana que muchas mujeres no saben que están embarazadas y, si se enteran, tendrán que darse prisa para respetar los plazos; naturalmente, el cierre de clínicas, ciertos obstáculos como los periodos de espera y otras medidas originan retrasos. Por lo tanto, todavía será posible abortar, pero en condiciones cada vez más difíciles de cumplir debido a leyes del aborto impulsadas por relatos sobre cosas que en realidad no ocurren.

En ocasiones se interrumpe un embarazo para completar un proceso de aborto espontáneo y proteger así la vida de la madre. El referéndum de despenalización del aborto celebrado en Irlanda en 2018 estuvo motivado en parte por el fallecimiento de la doctora Savita Halappanavar, que sufrió un aborto espontáneo. Se le negó la inevitable intervención médica en tanto hubiera latido fetal, pese a que el feto iba morir de todos modos, y en consecuencia ella desarrolló una infección mortal. Quería la criatura; quería vivir; tuvo una muerte cruel e innecesaria. Irlanda votó de forma aplastante a favor de la despenalización.

Entretanto, Texas está tramitando una ley que convertirá a las mujeres en ataúdes vivientes al obligarlas a llevar a término embarazos con fetos moribundos o sin posibilidades. El *Texas Tribune* informa: «El Senado de Texas aprobó el martes un proyecto de ley que prohibiría la interrupción voluntaria del embarazo por razón de sexo, raza o discapacidad del feto, y penalizaría al personal médico que realizara lo que los grupos antiabortistas denominan "abortos discriminatorios". La ley estatal vigente prohíbe la interrupción voluntaria del embarazo pasadas las veinte semanas, si bien se contemplan algunas excepciones, como cuando la gestación no sea viable o el feto presente anomalías graves e irreversibles. El Proyecto de Ley 1033 del Senado derogará esas excepciones».

Parece improbable que alguien pretenda abortar por la raza de la criatura, pero ese punto se asocia a la patraña de que el aborto forma parte de una campaña eugenésica, y el juez del Tribunal Supremo Clarence Thomas planteó hace poco esa acusación. El *Washington Post* citó a varios «estudiosos del movimiento eugenésico; todos afirmaron que el uso que Thomas hace de la historia es erróneo». El aborto selectivo por sexo es tan común en Asia que en China e India se observa un desequilibrio de género en la población joven, pero no hay pruebas de que represente un porcentaje significativo de las interrupciones voluntarias del embarazo que se practican en Estados Unidos.

En ocasiones, los legisladores —en su mayoría blancos, en su mayoría varones— que promueven esas mentiras parecen estrategas amorales. Otras veces parecen simplemente idiotas. La NBC informa: «El nuevo proyecto de ley presentado por los republicanos en el Congreso de Ohio impediría a los médicos aplicar el tratamiento de referencia en casos de embarazo ectópico [cuando el óvulo fecundado se implanta fuera del útero] potencialmente mortal, prohibiría que las compañías de seguro privadas lo cubrieran, pues se consideraría un aborto, y las obligaría a cubrir en cambio la intervención de reimplante lo quiera o no la mujer». El problema es que no hay forma de salvar un embarazo ectópico, pero, al retrasarse el aborto, se juega con la posibilidad de que la madre muera. Por lo tanto, se trata de un proyecto de ley que pretende imponer una intervención inexistente para salvar un embrión o un feto sin posibilidades de sobrevivir, mientras se pone en peligro la vida de la madre, que sí puede salvarse. No es provida, es promentira.

A veces, los proyectos de ley son de por sí mentiras flagrantes: en marzo de 2019, el gobernador de Dakota del Norte firmó una ley que exige que el personal médico informe a las pacientes de que los abortos farmacológicos son reversibles; el 25 de junio de 2019, la Asociación Médica Estadounidense presentó una demanda contra dicho estado porque la ley obliga a los proveedores de servicios de salud a hacer «una afirmación a todas luces falsa y no demostrada ni avalada por pruebas científicas». La demanda también se refiere a otra ley de Dakota del Norte que, según dicha asociación, «obliga a los médicos a informar a las pacientes de que el aborto pone fin a "la vida de un ser humano independiente, completo y único" (un controvertido mensaje ideológico, y no médico) y les impone la obligación inconstitucional de actuar como portavoces del estado».

Michelle Alexander señaló hace poco en el *New York Times* un aspecto muy importante: toda la palabrería sobre las excepciones por violación solo implica que las víctimas que quieran abortar tendrán que probar que las han violado. Dado que rara vez se condena a los hombres por violación y que el procedimiento legal es lento, indiscreto y hostil con las víctimas, cabe imaginar que, cuando el juicio concluya, el feto ya habrá alcanzado la edad preescolar, o quizá haya empezado la enseñanza primaria, o es posible que estudie en la facultad de Derecho. El *Houston Chronicle* informó hace poco de la detención de un pastor baptista que durante dos años había violado de forma reiterada a una adolescente de su familia. La niña tenía trece años cuando empezaron las agresiones. El periódico contó que la detención tuvo lugar poco después de que el pastor se declarara a favor del «fallido Proyecto de Ley 896 de la Cámara que habría prohibido el aborto en Texas y habría dejado abierta la posibilidad de que los fiscales acusaran de homicidio a las mujeres que interrumpieran el embarazo. El delito podría castigarse con la pena de muerte según la legislación texana vigente».

Es otra forma de inmiscuirse en la vida de las mujeres y de acabar con sus derechos. Pone su vida en manos de la ley y enmaraña las decisiones médicas con trámites burocráticos y normas. Y en la legislación de Alabama no existen las excepciones del incesto y de la violación: a la niña de once años violada por su padre se la condenará a nueve meses de embarazo, con todos los riesgos para su salud que entraña, además del horror. Alabama es uno de los dos estados que no retiran la patria potestad a los violadores, de modo que la víctima queda atada de por vida a su violador si no interrumpe el embarazo. (La mitad de los estados exigen una condena por violación para retirar la patria potestad a un padre y, dado que solo un dos o un tres por ciento de las violaciones desemboca en una condena, hacen poco más que nada por las víctimas). El pastor baptista detenido en Texas supuestamente había agredido a la niña varios años antes. La ley llegó tarde para defenderla.

Las activistas por los derechos reproductivos señalan desde hace décadas que resultaría más fácil creer que a los políticos contrarios al derecho a decidir les preocupa la infancia si apoyaran la salud prenatal, la asistencia sanitaria a las madres, el desarrollo y la enseñanza de la primera infancia y otros recursos que favorecen el bienestar de las madres y las criaturas. Pero podemos ir más allá. En 2001, dos científicas publicaron en el *Journal of the American Me-*

dical Association un análisis que demostraba que «de hecho, el homicidio era la principal causa de muerte durante el embarazo y el primer año después del parto: representaba uno de cada cinco fallecimientos. Al mismo tiempo, un estudio del *Journal of Midwifery & Women's Health* encontró que hasta un pasmoso cuarenta y tres por ciento de las muertes maternas ocurridas en Washington D. C. durante un periodo de ocho años fueron homicidios».

Una forma fundamental de abordar la situación sería controlar las armas, pero, claro, las legislaciones contra el aborto y contra el control de las armas suelen llegarnos de la mano de las mismas personas, y ambas posiciones parecen tener que ver con el poder sin límites ni restricciones de los varones, que poseen armas y las utilizan (y matan a gente) en proporciones mucho mayores que las mujeres. El Centro de Investigaciones Pew informó de que en 2017 «los hombres blancos son especialmente proclives a tener armas: en torno a la mitad (cuarenta y ocho por ciento) afirma poseer una, en comparación con alrededor de un cuarto de las mujeres blancas y de los varones no blancos (veinticuatro por ciento en ambos casos) y el dieciséis por ciento de las mujeres no blancas».

A menudo, quienes defienden la lucha contra el aborto han dado a entender que los embarazos no deseados, no planeados, son cosa de mujeres malvadas que actúan por su cuenta. Hay embarazos buscados, queridos, que se consiguen mediante donantes de esperma y la fertilización in vitro, pero casi todos los demás se deben a que una persona inyecta semen en otra persona con óvulos mediante la penetración vaginal. Habrá casos en los que el descuido sea de ella, en otros será de él, y hay casos en que las precauciones fallan o en que un embarazo deseado va mal.

No hablamos lo suficiente de lo borrosos que son los límites, de que con frecuencia a las mujeres se las engatusa, presiona y miente para que, en aras del placer peniano, permitan la penetración sin protección que puede desembocar en un embarazo. La última vez que me hablaron de un hombre que transgredió el acuerdo de usar un condón fue la semana pasada.* La idea de responsabilizar a los hombres de los embarazos no deseados empieza a arraigar en ciertos ámbitos. Imaginemos que a quienes fecundan se les considerara tan responsables como a las fecundadas. Es una pendiente resbaladiza, pues la decisión de poner fin al embarazo debería corresponderle a la embarazada y, como es lógico, el objetivo sería no criminalizar a nadie. No obstante, reconocer que nadie se queda encinta sola y que muchos embarazos son responsabilidad tanto de la persona con el semen como de la persona con el óvulo es una perspectiva que gana impulso y cambia el relato o, mejor dicho, socava los relatos misóginos que apuntalan la posición antiabortista.

---

* Entre las acusaciones de agresión sexual formuladas en 2010 contra Julian Assange figuraba el incumplimiento del acuerdo de utilizar el preservativo con las dos denunciantes. La jurista feminista Alexandra Brodsky escribió en 2017: «Quitarse el preservativo sin consentimiento durante la relación sexual expone a la víctima a riesgos físicos de embarazo y enfermedades, y, como reflejan con claridad las entrevistas, muchas lo viven como una vulneración grave de la dignidad y la autonomía. Puede entenderse que esa práctica de quitarse el preservativo, conocida popularmente como *stealthing* [de «en secreto, con sigilo»], convierte el sexo consentido en sexo no consentido». Un reportaje de 2019 realizado en Australia llegó a la conclusión de que una de cada tres mujeres y uno de cada cinco hombres que mantienen relaciones con hombres han sido víctimas de esa retirada no consentida del condón. «Se descubrió —señala el reportaje— que las mujeres que sufren violencia de pareja presentan el doble de probabilidades de que su pareja masculina rechace los métodos anticonceptivos, el doble de probabilidades de tener un embarazo no planeado, tres veces más de probabilidades de dar a luz en la adolescencia y una probabilidad significativamente mayor de tener cinco o más partos».

No hace mucho salió en las noticias una historia extraordinaria: «Según un atestado policial, un legislador del sur de Misisipi asestó un puñetazo en la cara a su esposa después de que esta no se desvistiera con la suficiente rapidez cuando él quiso mantener relaciones sexuales». El representante republicano Dough McLeod presuntamente le reventó la nariz a su mujer, que manchó de sangre la cama y el suelo antes de huir del dormitorio. Se llamó a la policía. (El hombre ha declarado que los informes tergiversaron lo sucedido). Cuesta pensar que las relaciones sexuales que pretendía mantener fueran consentidas si golpeó a la asustada esposa por no obedecer sus órdenes con la presteza suficiente. Es una ventanita que nos permite atisbar la clase de matrimonio en que las mujeres poseen una escasa autodeterminación corporal, en que tal vez se haga caso omiso de su decisión de recurrir a los anticonceptivos o de abstenerse del sexo durante la fase de mayor fertilidad. Busqué información sobre McLeod; en efecto, unos meses antes, a principios de año, había presentado un proyecto de ley contra el aborto cuando existe «latido fetal».

Los derechos reproductivos permiten que las mujeres en edad de procrear participen plenamente en la vida pública y económica, que tengan la misma soberanía corporal que los hombres dan por descontada, que sean libres e iguales. Creo que muchas veces el odio al aborto se debe a que este les proporciona una autonomía y una libertad equiparables a las de los varones, y que a menudo ese odio lo expresan personas que no muestran ningún interés por la salud y el bienestar de la infancia o de las mujeres. Ni, en este aspecto, por la ciencia, los hechos y la verdad. Sus mentiras allanan el camino a las leyes.

WINONA

8TH ST
9TH ST
W 10TH ST
PELZER ST
W 6TH ST
KRAMER DR
W SVC RD
KERRY DR
ORRIN ST
W 5TH ST
GOULD ST
W BROAD
VILA ST
CUMMINGS ST
S BAKER ST
W 10TH
GILMORE AVE
SERVICE DR
CO HWY 32
EDGEWOOD RD
14 61
HEIGHTS BLVD
Gilmore Cr
ST. YONS RD
Saint Mary's
Univ of
Minnesota
14
TERRACE HTS
Gilmore
Valley
700
1100
1000
1200
800
900
Gilmore C
Wildwood Loop Trail
1100
WINCREST DR
Wildwood Loop Trail
800
1000
1100
900
RIDGEWOOD DR
CONRAD DR
SKYLINE DR
Quarry Trail
JAY BEE DR
HIGHLAND DR
CO RD 44
900
1100
1200
1000
BUCK RIDGE DR
1200
1200
1200
1100
1100
800
1000
1000
900
900
1000
900
1000
1100
W BURNS VALLEY RD
1100

La caída de los hombres
se ha exagerado mucho

A propósito de Kavanaugh, Ghomeshi
y quién cuenta el relato

En biología, un tipo nomenclatural es el primer ejemplar de un animal o planta que recibe un nombre oficial y que en la imaginación popular llega a representar las características de la especie. A lo largo de los años he descubierto que los seres humanos emiten tipos nomenclaturales: afirmaciones reactivas que plasman una cosmovisión o una falacia, o bien la manera en que la primera está erizada de la segunda como un puercoespín de púas. Su valor reside en que demuestran de manera clara y espectacular cómo funcionan algunas mentes, o cómo nos influyen algunas creencias, o por qué está todo hecho una puta mierda y no hay quien lo entienda.

El 13 de septiembre de 2018, un hombre emitió un tipo nomenclatural de misoginia tan perfecto en su autoengaño disparatado y malintencionado que hice una captura de pantalla, como si pretendiera introducirlo en un archivo biológico. Fue una decisión acertada, ya que el misógino en cuestión, después de defender con fervor su tuit, lo borró al día siguiente.

Iba sobre una mujer, anónima en aquel momento, que en una carta dirigida a una senadora y a una congresista demócratas había explicado la agresión sexual sufrida a manos de Brett Kavanaugh, candidato a juez del Tribunal Supremo, cuando ambos estudiaban en el instituto y de la que ella había conseguido defenderse. El hombre del tuit era un abogado licenciado por una universidad de la Ivy League llamado Ed Whelan, y lo escribió a las 8.46 de la tarde en la Costa Oeste, cerca de la medianoche en la capital del país —si es que se encontraba en la ciudad donde trabaja como director del derechista Centro de Ética y Política Pública—, una hora tardía para tuitear sobre política, y cabría especular acerca de lo que se le pasó por la cabeza, pero el individuo empaña, o quizá denigra, la especulación con su tuit. Escribió esta espiral creciente de fantasía sobre la denunciante anónima de su colega Brett Kavanaugh:

> Me pregunto si la acusadora dirá que estaba sobria durante el presunto incidente de la juerga. Si estaba borracha, ¿cuánto? ¿Disfunción cognitiva, deterioro de la memoria, identificación errónea, agravados por los 35 años? (Por supuesto, no digo que el que estuviera borracha justifique la conducta de nadie).

El texto avanza de forma magnífica abordando en la primera frase no lo que la mujer dijo, sino lo que diría si se pusiera en duda su acusación, lo que es una forma de ponerla en duda. Ella lo dirá; ¿deberíamos creerla? Quizá el abogado se imagina interrogándola y aniquilándola delante de un jurado.

En la segunda frase desplaza la atención: pasamos de si la denunciante diría que estaba sobria a lo borracha que estaba, aunque no hay motivos para pensar que lo estuviera. A continuación informa a las señoras y los señores de ese jurado imaginario de los efectos nocivos de la embriaguez, por ejemplo, las identificaciones erróneas. ¡Tal vez la acusadora de Kavanaugh lo confundió con otra persona durante treinta y cinco años!

Y, por último, al final del texto habla de la ebriedad de la mujer como de un hecho probado. Parece que se haya convencido a sí mismo a partir de su propio testimonio sacado de la manga y su profundo deseo de forzar la aprobación de la candidatura de Kavanaugh (la ha apoyado en público de diversas maneras; ambos trabajaron juntos en la Administración Bush hijo).

Whelan deja volar mucho su imaginación respecto a una mujer de la que en aquel entonces no sabía nada aparte del resumen de una carta que ella había escrito para explicar una agresión de Kavanaugh en una fiesta. En palabras del *New Yorker*: «En la misiva aseguraba que Kavanaugh y un compañero de clase, que habían estado bebiendo, subieron el volumen de la música que sonaba en la habitación para que nadie la oyera protestar, y que Kavanaugh le tapó la boca con la mano. Ella consiguió zafarse». El artículo añade que «la mujer afirmaba que el recuerdo seguía siendo para ella un motivo de ansiedad y que, en consecuencia, había buscado tratamiento psicológico». Desde entonces, Christine Blasey Ford se ha presentado ante la opinión pública para declarar en el *Washington Post*: «Considero que mi responsabilidad cívica pesa más que mi angustia y el terror a las represalias». Que conste: «Dijo que todo el mundo tomó una cerveza, pero que Kavanaugh y Judge habían empezado a beber antes y estaban muy embriagados».

Muchos elementos de ese tuit sobre el incidente lo convierten en un ejemplar que podríamos colocar en el museo de la misoginia. El primero es la vieja costumbre que tienen los hombres de esa calaña de afirmar que no hay que creer a las mujeres y sí a los varones. Existe la larga y brutal tradición de afirmar que ellos son creíbles y ellas no; que ellos son objetivos y ellas subjetivas. Ese tuit constituye un modelo de cómo los hombres se convencen de que sus fantasías y delirios son realidad..., de lo que deriva un exceso de respeto por la capacidad y preparación propias. Que Whelan no sea consciente de lo que hace, que no sea consciente de su subjetividad, forma parte del problema, no solo en este caso, sino en otros muchos similares. En un segundo tuit escribió: «Sorprendido de ver cuánta gente que ha respondido furiosa a ese tuit parece negar que la embriaguez pueda afectar a las facultades cognitivas de alguien». Defiende lo que desearía que esas personas estuvieran afirmando, y no lo que afirman, puesto que existe una gran diferencia entre discutir sobre la naturaleza de la embriaguez y discutir sobre si alguien estaba borracho.

Habría sido un ejemplar más exótico si otros idénticos a él no hubieran salido en tropel de no se sabe dónde. La víspera de ese tuit emblemático, el *New York Times* informó de las denuncias contra Les Moonves, en la actualidad exconsejero delegado de la CBS:

«Nos quedaremos en esta reunión hasta la medianoche si hace falta para conseguir el acuerdo de que respaldamos al cien por cien a nuestro consejero delegado y que su posición no cambiará», declaró un miembro de la junta, William Cohen, excongresista, exsenador y exsecretario de Defensa con el presidente Bill Clinton, según los directores que oyeron los comentarios y otras personas a las que se les transmitieron.

Otro director, Arnold Kopelson, productor de ochenta y tres años que ganó el Oscar a la mejor película por *Platoon*, se mostró aún más firme en su defensa del señor Moonves, según los directores y otras personas. «Me da igual que más de treinta mujeres se hayan presentado para contar esa bazofia —afirmó el señor Kopelson en una reunión celebrada poco después de la teleconferencia—. Les es nuestro jefe, y eso no cambiaría la opinión que tengo de él».

Esos hombres poderosos afirman que pueden tener los hechos que se les antojen y hacer desaparecer los que no les gustan. En efecto, esos defensores organizaban reuniones a espaldas de un miembro de la junta, Shari Redstone, accionista mayoritaria, quien se tomó en serio las denuncias. Les traen sin cuidado los hechos de que disponen las mujeres porque es posible quitárselos de encima, y en realidad el largo arco de la justicia que ahora se derrumba en lo que llamamos #MeToo ha girado en torno a si las mujeres pueden estar en posesión de los hechos o si alguien se molestará en escucharlos o creerlos, o si, después de creerlos, permitirá que dichos hechos tengan consecuencias.

Tomemos como ejemplo el artículo que *BuzzFeed* publicó el mismo día en que el *New York Times* informaba sobre los defensores de Moonves. En él se explicaba que «una exdeportista de la Universidad Estatal de Míchigan ha manifestado en una nueva demanda que Larry Nassar, el desacreditado médico del equipo de gimnasia, la drogó, la violó y la dejó embarazada». La muchacha se lo contó a su entrenadora, que a su vez se lo contó al director deportivo del centro, y luego se lo contó a la policía de la universidad. Se boicoteó a las dos mujeres. En la demanda se asegura que «la demandada Universidad Estatal de Míchigan no solo tenía conocimiento de los abusos y las agresiones sexuales a menores del demandado Nassar, sino que se esforzó en ocultar tal comportamiento». Sabemos que los delitos de Harvey Weinstein eran conocidos por muchos miembros de su productora; que precisaron la colaboración de ayudantes que atrajeran a las víctimas hasta Weinstein y las dejaran a solas con él; que precisaron que abogados y gerifaltes de la empresa negociaran acuerdos de confidencialidad y sobornos; que precisaron la contratación de espías que persiguieran a las mujeres que podían hablar; que precisaron una legión de cómplices.

Imaginemos que hace unas décadas hubiéramos sido una sociedad que escuchara a las mujeres y que la carrera profesional de Harvey Weinstein, James Toback, Bill Cosby, Les Moonves, Roger Ailes, Bill O'Reilly, Charlie Rose, Matt Lauer, Louis C. K. y otros muchos se hubiera interrumpido en seco. No solo centenares de vidas serían mejores, sino que, además, el mundo de la información y el entretenimiento en el que vivimos tal vez fuera diferente y mejor. En 2017, Jill Filipovic señaló: «Muchos periodistas varones a los que se ha acusado de acoso sexual cubrieron en primera línea la carrera presidencial de Hillary Clinton y Donald Trump». Filipovic apunta que «esos hombres en concreto albergan profundos prejuicios contra las mujeres que buscan el poder en vez de ceñirse a su posición de objeto sexual obediente» y conjetura hasta qué punto esto influyó en las elecciones.

Empleadas de McDonald's y jornaleras desde Florida a California han llamado la atención sobre la generalización del acoso y las agresiones sexuales, al igual que las trabajadoras de la limpieza de California, que emprendieron una marcha de ciento sesenta kilómetros hasta Sacramento para poner de manifiesto la injusticia crónica que han soportado. El problema se da en todas partes. Los casos más notorios nos ofrecen ejemplares ricos en detalles para que los examinemos y podamos entender la especie, y es importante reconocer lo extendida que esta está y cómo afecta a las personas que limpian oficinas por la noche y a quienes escriben guiones de televisión por el día.

Durante mucho tiempo, las mujeres que habían sufrido agresiones sexuales tuvieron los hechos de su lado, pero los hombres que las agredieron y sus cómplices controlaban el relato, incluso el asunto de a quién se escucharía y creería. Desde esa perspectiva, el tuit de Whelan se revela como un tipo nomenclatural perfecto.

En el centro del relato de *Una educación*, de 2018, Tara Westover llega al punto en que su familia —mormona fundamentalista, medio supervivencialista y totalmente patriarcal— se empeña en negar la realidad de la terrible violencia en serie y el maltrato psicológico que su hermano ejerce contra ella y su hermana, y de los que el resto de la familia ha sido testigo. Se pide a las hermanas que destruyan su capacidad de percibir la realidad, que desconfíen de su propia memoria, que renuncien al derecho a decidir qué es verdad. La estructura de la autoridad masculina exige la ficción de una legitimidad masculina inquebrantable, que a su vez exige negar lo que todo el mundo sabe. Se las destruirá para que un hombre permanezca intacto, para que su derecho a maltratar continúe incólume, y dentro de ese sistema todo el mundo enloquecerá porque estarán negando lo ocurrido. Es el equivalente a escala familiar del orwelliano «La guerra es la paz. La libertad es la esclavitud. La ignorancia es la fuerza». El autoritarismo empieza en casa. Cuando leí la narración de Westover, me pareció espeluznante, y luego me di cuenta de que se trataba de una experiencia que muchas mujeres, yo entre ellas, han vivido, solo que más rotunda y extrema.

Westover escribe que los recuerdos que guardaba de su familia se volvieron «siniestros, incriminatorios [...]. Esa niña monstruosa me persiguió durante un mes, hasta que encontré un razonamiento para ahuyentarla: el de que seguramente había perdido el entendimiento. Si estaba loca, entonces todo tenía sentido. Si estaba cuerda, nada lo tenía».* Al parecer «tener sentido» significa aquí coincidir con la versión oficial y tolerable del relato familiar. El testimonio de otros miembros de la familia —la minoría disidente— y de dos testigos externos la ayudó a reconocer que estaba en su sano juicio y que cuanto recordaba había sucedido de verdad. El libro trata de cómo encontró por su cuenta un sentido a todo lo ocurrido al salir al mundo exterior dejando atrás una esfera doméstica definida por los delirios y el fanatismo paternos.

Ese es el terrible problema de nuestra hipócrita sociedad: oficialmente condenamos la violación, el acoso, los abusos sexuales y el maltrato, pero dentro de ese «nosotros» hay demasiadas personas que también han afirmado con frecuencia que esas cosas no pasaban cuando sí pasaban, y esa negación forma parte de la ficción de que los hombres son objetivos y las mujeres subjetivas, hasta el punto de que tienen que parecernos locas, delirantes..., o quizá borrachas en un momento determinado y proclives a confundir identidades. Westover es una de las muchas que nos han contado cómo en ocasiones ese sistema logra que las mujeres crean eso de sí mismas, cómo incluso nos lo exige.

La guionista de televisión Megan Ganz sufrió el intenso acoso de su jefe, quien en enero de 2018 publicó una insólita disculpa extensa y sincera en la que reconocía su conducta. Ganz hizo dos comentarios contundentes. Uno sobre «el alivio que sentiría con solo oírle decir que todo eso había ocurrido de verdad. Que no lo soñé. Que no estoy loca». El otro fue que «tardé años en volver a creer en mi talento» porque había recibido mensajes engañosos respecto a si realmente la admiraban por su capacidad o si estaban insinuándosele. En otras palabras, si desentrañamos el

* Tara Westover, *Una educación*, traducción de Antonia Martín, Barcelona, Lumen, 2018.

trauma que suele describirse como un efecto del maltrato, en su interior encontramos una merma de la capacidad de la víctima para fiarse de sus propias percepciones y aptitudes, así como un menoscabo de su capacidad para desenvolverse en el ámbito social y el profesional.

Nuestra sociedad define la verdad como una posesión valiosa que pertenece a algunas personas de manera consustancial y a otras no, sin importar qué ha sucedido, quién ha violado o linchado a quién y qué muestran las pruebas. La novela *Matar a un ruiseñor* plantea si un hombre negro puede poseer la verdad, y la insatisfactoria respuesta es que puede tener una pequeña porción de ella si un hombre blanco decide defenderlo entre los hombres blancos. También es un libro acerca de una mujer que miente sobre una violación, un tema recurrente en las noticias, la cultura popular y la literatura. Un editorial de finales de 2018 del *New York Times* respaldaba el desmantelamiento por parte de Betsy DeVos de las medidas de protección del Título IX a las víctimas de agresiones sexuales en los campus universitarios al empezar con una noticia sobre una denuncia falsa de violación, aunque la violación en los campus, como otros tipos de violaciones, constituye una epidemia, mientras que las denuncias falsas son contadas. Y, naturalmente, la misma estructura de poder que no admitirá acusaciones fundadas sobre hombres blancos poderosos de la élite ha demostrado muchas veces estar demasiado dispuesta a aceptar las falsas contra hombres negros que no pertenecen a la élite.

Los hombres con poder engrandecen a otros hombres con poder, en ocasiones encargándoles artículos en defensa de hombres que han agredido a mujeres y lanzando ataques verbales contra esas víctimas de agresiones físicas o contra quienes las defienden, como hemos visto hace poco en diversas publicaciones neoyorquinas. El director del *New York Review of Books* considetó adecuado conceder a Jian Ghomeshi siete mil palabras para que divagara sobre su historial de violencia y sus consecuencias. Ghomeshi, en el pasado entrevistador estelar de la Canadian Broadcasting Company, mintió de forma preventiva sobre sus brutales agresiones cuando las historias empezaron a salir a la luz hace cuatro años: publicó un largo sermón en Facebook en que decía que se le estigmatizaba como miembro de una minoría oprimida, las personas que practican BDSM. Sin embargo, como señalaron quienes practican BSDM, el consentimiento es fundamental en esas actividades sexuales, en tanto que las denunciantes de Ghomeshi contaron historias crueles de agresiones repentinas, sin previo aviso. La portada del número del *New York Review of Books* con el artículo de Ghomeshi estaba adornada con un «La caída de los hombres», que es un modo de presentar el ascenso de las mujeres como un hecho desafortunado (y lo que le sucedió a un solo hombre, acusado de delitos atroces por muchas mujeres, como representativo de lo que les ocurría a todos, lo cual es una imagen bastante deprimente de estos).

Isaac Chotiner, de *Slate*, preguntó al director del *New York Review of Books*, Ian Buruma, por las acusaciones contra Ghomeshi y mencionó la de «asestar puñetazos a mujeres contra su voluntad». Buruma respondió con una sucesión de frases cuya vaguedad disociativa recordaba un pañuelo de papel que se disuelve en un charco de barro. Declaró: «Se trata de denuncias y, como ambos sabemos, la conducta sexual es un asunto complejo. Pensemos, por ejemplo, en algo como los mordiscos. Morder puede ser un acto agresivo e incluso un delito. Puede interpretarse de forma distinta en diferentes circunstancias. No juzgo lo que hizo exactamente». «No juzgo» debería parecer razonable, una actitud progresista, pero da la impresión de que en esas frases significa:

«Me da igual lo que dijeran las mujeres». O: «Lo ignoro» (la ignorancia es la fuerza). O: «Me es indiferente. No me interesan esos hechos».

En el juzgado eran denuncias, y en el juzgado la abogada de Ghomeshi las machacó, porque en el sistema legal no nos decantamos por la verdad, sino por quien argumenta de forma más convincente. Fuera del juzgado eran relatos contados por mujeres reacias a hablar o temerosas de hacerlo, relatos contados a periodistas que les concedieron la credibilidad necesaria para publicarlos. Muchas mujeres que no se conocían entre sí ofrecieron relatos del mismo tipo de agresión inopinada. Ghomeshi mintió al principio; ¿existe algún motivo para suponer que con posterioridad se convirtió en un testigo fiable? (Vale la pena recordar que, como la mayoría de las personas acusadas de delitos, quienes incurren en violencia sexual y de género mienten sistemáticamente). Como señaló Jeet Heer en el *New Republic*: «El *New York Review of Books* permite a Jian Ghomeshi blanquear su pasado. [...] Aunque estaba garantizado que el artículo generaría una reacción en contra por su exculpación personal adobada en autocompasión, su enfoque egocéntrico oculta asimismo los hechos del caso».

«Hasta que el león aprenda a escribir, todos los relatos ensalzarán al cazador», dice un refrán africano. Ahora bien, ¿y si la leona escribe con elocuencia, pero los editores prefieren la versión de los cazadores? Acallar a las leonas es la norma, al igual que absolver a los cazadores. El número de octubre de 2018 de *Harper's* incluía un artículo del expresentador de la NPR John Hockenberry, acusado de acoso sexual. Al mismo tiempo, la revista *New York* publicaba un texto que distorsionaba los hechos (según se habían descrito en la sentencia de custodia) del caso de abusos deshonestos por parte de Woody Allen y que volvía a difamar a

Dylan y Mia Farrow; en teoría se trataba de una semblanza de la esposa del director de cine, Soon-Yi Previn, que, sin embargo, se convirtió en portavoz de la defensa de su marido, mientras que apenas se analizaron sus propios intereses y su personalidad. Pasmaba ver cómo un artículo que prometía contar toda la historia de Soon-Yi Previn convertía a esta en un instrumento para defender el relato de Allen y atacar a otras mujeres.

El *New York Times* informó de cómo otro cazador persiguió a una leona: «Jeff Fager, la segunda persona que ha supervisado *60 Minutes* en sus cincuenta años de historia, fue despedido por enviar un mensaje de texto que amenazaba la carrera profesional de una reportera de la CBS, Jericka Duncan, quien investigaba unas denuncias de acoso sexual contra él y contra el señor Moonves». En 2017, al comenzar el torrente de historias del #MeToo, Rebecca Traister escribió: «Vemos que los hombres que han tenido el poder de maltratar el cuerpo y la psique de las mujeres durante toda su carrera profesional son en muchos casos quienes controlan nuestros relatos políticos y culturales». Y tanto en la política como en el mundo del espectáculo, esos relatos se centraban en los hombres —las trabajadoras de televisión han explicado cómo Moonves les cerraba el paso— y en la legitimidad masculina.

Según cuenta la famosa leyenda, Canuto el Grande, hijo de Svend Barba Partida, rey de Noruega, Dinamarca e Inglaterra, está sentado a orillas del mar y ordena a este que se detenga: pretende demostrar que no controla las mareas, pero también cabe interpretar que es un político honrado que, ante la realidad, reconoce los límites de su poder. Es fácil imaginar a un déspota que insiste en que el mar lo ha obedecido o, más aún, a un presidente que afirma que no murieron tres mil personas en Puerto Rico, o un Gobierno que silencia toda mención del aumento del nivel de los océanos..., como hizo el de Carolina del Norte en 2012 al aprobar una ley que especificaba que «la Comisión de Recursos Costeros y la División de Gestión Costera del Departamento de Medio Ambiente y Recursos Naturales no establecerán índices de cambio del nivel del mar con fines reglamentarios antes del 1 de julio de 2016».

Un derecho que los poderosos suelen dar por sentado es la facultad de dictar la realidad. Así lo hizo la familia de Tara Westover, así lo hicieron Cosby y Moonves y sus partidarios. Así lo hizo Karl Rove en su famosa burla sobre la «comunidad basada en la realidad» en el apogeo del poder de la Administración Bush. Sucedió cuando Brett Kavanaugh, en la actualidad juez del Tribunal Supremo, trabajaba sin descanso para el régimen que instigaba guerras a causa de armas ficticias de destrucción masiva y que suponía que la tortura podía arrancar información útil a sus víctimas, en lugar de reconocer que la tortura siempre tortura igualmente a la verdad. (En la vista judicial de 2006, Kavanaugh negó haber tenido algo que ver con los programas de tortura, pero hay quienes dicen que mintió también entonces). Según parece, el presidente actual está convencido de que, a base de insistencia y agresividad, puede dictar la realidad, y no debemos considerarlo un mero delirio, pues con frecuencia a esas personalidades les da resultado. La ignorancia es la fuerza.

Canuto es grande porque no es el emperador cuyo inexistente traje admiran obedientemente los cortesanos. Reconoce que la realidad escapa a su control. Por el contrario, el cáustico cuento de Hans Christian Andersen trata de cómo la gente acepta los delirios y las negaciones de los poderosos, aunque en el relato infantil el emperador es un necio, no un conspirador. Sin embargo, en el caso de muchos de esos hombres que afirman la inocencia de sus colegas y la falta de credibilidad de quienes los acusan, no se espera que admiremos un traje nuevo, sino viejos harapos.

Desacreditar a mujeres concretas y construir relatos en los que las mujeres son narradoras poco fiables y los hombres controlan la verdad es uno de los viejos harapos del emperador, y me gustaría encender una hoguera con ellos. Hasta entonces considero útil reunir tipos nomenclaturales, contar lo mejor que pueda la verdad sobre este terrible embrollo y tratar de trazar caminos para salir de él, o de abrirlos a machetazos.

Querida Christine Blasey Ford: Es usted un terremoto bienvenido

Querida doctora Christine Blasey Ford:

Le escribo para darle las gracias. Por muy angustiosa que haya sido su experiencia, y haga lo que haga el Senado de Estados Unidos en las próximas semanas, ha conseguido usted algo con una fuerza y un impacto profundos, algo que nos beneficiará a todos. Pues sus palabras repercutirán en dos terrenos: el Senado y la inmensa esfera del discurso público y de los valores sociales. Aunque sus palabras, como las de Anita Hill, no se tengan en cuenta en el primero, resonarán en el segundo durante mucho tiempo.

Al principio de este suplicio declaró: «... me preguntaba si no estaría arrojándome al paso de un tren que de todas formas avanzaría hacia el lugar al que se dirigía, de modo que yo simplemente sería aniquilada como persona». Testificar ante semejante público, compuesto en gran parte por partidarios hostiles y escépticos del hombre que, según les contó usted, la había agredido, debió de parecerle una aniquilación. Ahondar en su trauma más profundo delante del país debió de ser un duro suplicio. Sin embargo, no fue usted aniquilada, sino que se expandió en todos los sentidos de la palabra.

La agresión sexual niega a la víctima la voz, el derecho a decir «no» y a que signifique algo. El relato que usted hizo de cómo la mano del hombre le cerró la boca convierte la experiencia del silenciamiento en una agresión directa. Una sociedad que rehúsa escuchar a una superviviente, que le niega la capacidad de dar fe de su propia experiencia, que crea una hostilidad generalizada que impide a las víctimas darse a conocer, vuelve a borrarnos a ella, a ellas y a nosotras. Con todo, usted tenía una voz que resonaba en el mundo entero y la aprovechó para defender al país contra un hombre no solo indigno de ser juez, sino la antítesis de lo que debe ser un juez: honrado, digno de confianza, sereno, ecuánime, respetuoso de los derechos de los demás. Tal vez le temblara a usted la voz, pero su verdad siguió adelante.

Anita Hill perdió por algo medible: no impidió que se designara a Clarence Thomas para un puesto del que a todas luces continúa siendo indigno. Sin embargo, lo que consiguió no tuvo una dimensión lineal; el efecto que causó se expandió, al igual que su voz, en todas las direcciones. Suscitó una profunda conversación nacional sobre el acoso sexual, que se necesitaba de forma acuciante y cuyas consecuencias beneficiaron a decenas o centenares de millones de mujeres de este país y beneficiarán a las generaciones futuras cuando se incorporen al mercado laboral. Introdujo una corrección en la desigual distribución del poder..., una corrección no lo bastante grande para remediar el problema, pero sí un cambio importante.

Y lo logró siendo, como usted, una testigo tenaz de su propia experiencia. Muchas personas de los medios de comunicación y algunas del Senado se empeñaron con mala intención en tratarla —a ella, pero no a Thomas— como a una criatura subjetiva, indigna de confianza, quizá víctima de delirios, tal vez vengativa, pese a lo cual no consiguieron disuadirla.

Como usted, por su profesión de psicóloga, sabrá mejor que la mayoría, la credibilidad, el que se nos considere personas a las que se debería creer, es fundamental para nuestra posición como miembros de una familia, de una universidad, de un lugar de trabajo, de una sociedad. El testimonio de Anita Hill y la respuesta del Senado pusieron al descubierto cómo se despoja a las mujeres de ese poder, derecho e igualdad esencial, o cómo se da por sentado que son incapaces o indignas de poseerla.

Como consecuencia del testimonio de Anita Hill, se inició una extensa conversación colectiva sobre el acoso laboral. Quienes no lo habían vivido directamente descubrieron —al menos, las personas dispuestas a escuchar— lo generalizado que está, lo insidioso que es y por qué las mujeres no lo denuncian (incluso las estadísticas más recientes muestran que a menudo los efectos de denunciar son punitivos). Las denuncias de ese tipo de acoso aumentaron de manera espectacular, lo que significa que un mayor número de mujeres que lo sufrían fueron capaces de reconocer que se las maltrataba y buscaron remedio.

La Ley de Derechos Civiles de 1991, apenas recordada ya, se aprobó con el fin de «proporcionar remedios adecuados a la discriminación intencionada y al acoso ilegítimo en el puesto de trabajo», sobre todo cuando los patronos utilicen «una práctica de empleo especial que tenga un efecto desigual según la raza, el color de piel, la religión, el sexo o el país de origen». Y el año siguiente, en que se celebraron elecciones nacionales, llegó a conocerse como «el año de las mujeres», porque nunca había habido tantas que se presentaran y ganaran. La onda expansiva del testimonio de Anita Hill se propagó en todas las direcciones.

Es demasiado pronto para calibrar las consecuencias del testimonio de usted, doctora Ford, aunque ha habido infinidad de afirmaciones en los medios de comunicación respecto a que su confrontación con el juez Kavanaugh fue una prueba del #MeToo (incluso el titular de uno de mis artículos lo presentaba así). Ese marco plantea numerosos problemas.

El primero estriba en que el #MeToo no es más que un año fructífero de un proyecto en favor de los derechos y la igualdad de las mujeres que se remonta más de cincuenta años atrás según una apreciación y casi ciento ochenta según otras. El segundo es que ha pretendido cambiar el patriarcado, una institución con miles de años de antigüedad. La prueba de nuestro éxito reside en los notables cambios legales y culturales que hemos conseguido en las últimas cinco décadas, no en si hemos cambiado todo y a todo el mundo en los últimos doce meses. El que no lo hayamos cambiado todo no resta valor a lo mucho que hemos cambiado.

Esa primera persona del plural plantea otras cuestiones. En esta situación no existe un «nosotros», sino muchos. Están quienes se han interesado por las noticias, la conversación y el material publicado para entender lo generalizado del problema de la violencia sexual y la violencia contra las mujeres. Están las supervivientes de las agresiones sexuales y de otros tipos de violencia de género —somos legiones— que conocen esa realidad de manera visceral. Y hay otro «nosotros» que se empeña en no reconocer el problema, que ha decidido no escuchar el caudal inagotable de relatos. Esta es una de las enormes fisuras que recorren el país y la sociedad.

«La valentía es contagiosa —afirmó el senador Patrick Leahy cuando empezó usted a testificar—. El que usted comparta su historia tendrá un efecto duradero, permanente [...]. Tenemos una deuda de gratitud con usted». Ha abierto usted un espacio para que decenas o centenares de miles de personas cuenten las historias que es preciso contar y que otras han de escuchar. Las agresiones sexuales proliferan con el silencio de las víctimas, y en las últimas semanas se han hecho añicos algunos de esos silencios. En geología se emplea la expresión «equilibrio puntuado o intermitente», que propone que la vida en la tierra no evoluciona de forma continuada, sino con largos intervalos sin incidentes quebrados por cambios trascendentales. El feminismo presenta un equilibrio intermitente, y las reacciones a la comparecencia de Anita Hill en 1991 y a muchos acontecimientos desagradables de los últimos años han sido rupturas que han transformado el paisaje social. Es usted un terremoto bienvenido.

Al contar su historia con una viveza desgarradora ha abierto un espacio para que se escuchen infinidad de voces, para que muchas personas cuenten su propia historia por primera vez, para que el equilibrio vuelva a cambiar un poco. No deseaba usted ese papel, pero al darse cuenta de que era necesario salió a la palestra y habló. Y por ese motivo es usted la heroína de millones de personas. Espero que, pese a las amenazas y los ataques, perciba la relevancia de lo que hace y comprenda que las amenazas y los ataques tienen lugar porque lo que hace es muy importante. Una de las dos mujeres que, en el vídeo ahora famoso, se enfrentaron al senador Jeff Flake en el ascensor le planteó una pregunta sobre Kavanaugh: «¿Puede contener el dolor del país y curarlo? Porque esa es la labor de la justicia». A muchas nos parece evidente que Kavanaugh no puede y que en cierto modo usted ya lo ha hecho. Me consta que al darle las gracias hablo en nombre de millones de personas.

Que no cese este torrente
de relatos de mujeres

Existe un problema con la forma de avanzar del feminismo en reacción a las noticias de última hora. Se sitúa en el centro a un único depredador, un único incidente, y quienes no han aceptado la generalización de la misoginia pueden forjar historias en torno a él para explicar que es un excepción y no la regla, o el acto de un miembro de una subcategoría que podemos dejar de lado o demonizar. Que lo de Harvey Weinstein era característico de los progresistas o de Hollywood, o que lo de Roy Moore y Bill O'Reilly era típico de los conservadores, que lo de aquel asesino en masa con un historial de violencia machista era propio de los excombatientes, los solitarios o los enfermos mentales, que un caso tras otro es una irregularidad en la trama de la sociedad, no la trama en sí. Sin embargo, esos casos son la norma, no las aberraciones. La misoginia, entre otros males, sigue impregnando, determinando y limitando la sociedad.

Naturalmente —y es que aún tenemos que tranquilizar a los hombres, porque, si bien hablamos de nuestra supervivencia, se supone que debe seguir preocupándonos que se sientan a gusto—, no son todos, pero sí los suficientes para que afecte a casi todas las mujeres. Y, en otro aspecto, sí, son todos, puesto que vivir en semejante sociedad pervierte a cada uno de sus miembros y porque, como han demostrado el caso de Kevin Spacey y otros, aunque los varones son casi siempre los autores de tales actos, en ocasiones las víctimas son otros hombres y niños. Que se prepare a una persona para que sea un depredador la deshumaniza, igual que el hecho de que la preparen para que sea una presa. Tenemos que desnormalizar todo eso para poder rehumanizarnos.

Las mujeres se pasan la vida bregando por la supervivencia, la integridad física y la humanidad en casa, en las calles, en el trabajo, en las fiestas y ahora en internet. Así nos lo indican las historias que han surgido a borbotones desde que el *New Yorker* y el *New York Times* informaron de las historias sobre Weinstein que se ocultaban desde hacía tiempo. Nos lo indican las noticias sobre mujeres famosas que han sufrido a manos de hombres famosos, las redes sociales que mencionan las experiencias de mujeres no tan famosas, y nos lo indican infinidad de hordas de maltratadores que hay por ahí, ya hablemos de violación, abuso sexual, acoso laboral o violencia doméstica.

Al parecer, eso ha conmocionado a muchos de los hombres a los que debemos calificar de «buenos», hombres que nos aseguran que no han participado en ello. Pero la ignorancia es una forma de tolerancia, ya sea fingiendo que nos encontramos en una sociedad sin prejuicios raciales o en la que la misoginia constituye una actitud pintoresca del pasado ya superada. Es no esforzarse por conocer cómo viven, o mueren, las personas de nuestro entorno y por qué. Es pasar por alto u olvidar que ya tuvimos otras explosiones similares de relatos: en la década de los ochenta sobre la violencia sexual, en concreto sobre el maltrato infantil; después de la declaración de Anita Hill en 1991;

tras la violación grupal de Steubenville y el caso de violación, tortura y asesinato de Nueva Delhi a finales de 2012, y después del tiroteo de Isla Vista en 2014. Recurro una y otra vez a una frase de James Baldwin: «Es la inocencia lo que constituye el crimen». Baldwin se refiere a las personas blancas que a principios de la década de los sesenta hicieron caso omiso de la violencia del racismo y de su carácter destructivo, a su decisión de no verlo.

Lo mismo cabe decir de los hombres que no se han molestado en ver lo que nos rodea: un país en el que cada once segundos se golpea a una mujer; en el que, según el *New England Journal of Medicine*, «la violencia machista es la causa más habitual de lesiones no mortales entre las mujeres»; en el que las parejas y exparejas masculinas son responsables de un tercio de los asesinatos de mujeres; en el que cada año se cometen cientos de miles de violaciones y solo alrededor de un dos por ciento de los violadores cumple condena por su delito. Un mundo en el que Bill Cosby ejerció un poder capaz de acallar a más de sesenta mujeres y de permitir que durante medio siglo no se pusiera coto a su desenfreno delictivo; en el que Weinstein agredió y acosó a más de ciento nueve mujeres que en general no tuvieron a quién recurrir hasta que algo se rompió o cambió en el sistema. Un mundo en el que Twitter cerró de forma temporal la cuenta de Rose McGowan por un tuit relacionado con Weinstein que supuestamente contenía un número de teléfono, mientras que no hizo nada cuando el comentarista nacionalpopulista Jack Posobiec tuiteó la dirección del trabajo de una mujer que había denunciado la explotación sexual a la que a los catorce años la había sometido Roy Moore, del mismo modo que no ha hecho nada respecto a numerosas campañas de amenazas contra mujeres sin pelos en la lengua.

Porque hay algo que tal vez se olvide acerca de las mujeres amenazadas, agredidas, apaleadas o violadas: creemos que tal vez nos asesinen antes de que termine. Yo lo creí. A menudo existe un segundo nivel de amenaza «si lo cuentas». Proviene del agresor o de quienes no desean saber lo que este ha hecho y lo que la víctima necesita. El patriarcado extermina los relatos y a las mujeres para mantener su poder. Si eres una mujer, eso te determina: te marca, te indica que no vales nada, que no eres nadie, que no tienes voz, que en este mundo no estás a salvo ni eres igual ni libre. Que tu vida es algo que alguien, incluso un perfecto desconocido, puede arrebatarte por la sencilla razón de que eres una mujer. Y que la sociedad —esa sociedad que es en sí misma un sistema de castigo contra ti por ser mujer— mirará hacia otro lado la mayor parte del tiempo, o te culpará. El silencio sobre esos hechos es su configuración por defecto, un silencio que el feminismo se ha esforzado por romper y que está rompiendo.

Tal vez cada acto concreto esté motivado por el odio de un hombre concreto, por su privilegio o por ambos, pero no son actos aislados. Su efecto acumulado consiste en empequeñecer el espacio en que las mujeres nos movemos y hablamos, nuestro acceso al poder en la esfera pública, la privada y la profesional. Quizá muchos hombres no lo perpetraran directamente, pero, como por fin se ha argumentado, se beneficiaron de él, ya que eliminó a parte de la competencia, cavó una fosa de las Marianas a lo largo de campos de juego que siempre se nos ha dicho que están nivelados. Diana Nyad, nadadora de larga distancia de fama mundial que reveló que a los catorce años empezó a ser víctima de agresiones sexuales por parte de su entrenador, campeón olímpico de natación, habla del daño que sufrió, de cómo aquel hecho cambió quien era y cercenó su bienestar. «Tal vez escapara de la destrucción —dice—, pero aquel día mi juventud cambió radicalmente. Para mí, el silenciamiento fue un castigo equiparable al abuso». Esta historia podría ser la de decenas de mujeres que conozco, la de centenares o miles cuyas historias he leído u oído.

Consideramos la agresión física y el silenciamiento posterior dos hechos independientes, pero son el mismo. La violencia doméstica y la violación son actos que indican que la víctima carece de derechos y de autodeterminación, de integridad física y de dignidad. Es una forma brutal de enmudecimiento, de no tener voz ni en la vida ni en el destino propios. Que luego no la crean, la humillen, la castiguen o la expulsen de su comunidad o su familia equivale a recibir de nuevo el mismo trato. Ronan Farrow sacó a la luz la red de espías contratados para que McGowan no hablara sobre Weinstein; mi colega Emily Nussbaum, que escribe para el *New Yorker*, observó: «Si Rose McGowan hubiera contado antes la historia de los agentes del Mossad, todo el mundo habría creído que estaba chiflada».

Eso se debe a que contamos historias acerca de lo que es normal, o nos las cuentan, y se supone que ese grado de maldad entre nuestros hombres insignes no es normal, pese a que conocemos muchas historias que confirman que sí lo es. Se ha tratado de locas o de malvadas mentirosas a multitud de mujeres que contaron historias sobre hombres que habían intentado hacerles daño, pues es más fácil poner al pie de los caballos, o de un autocar, a una mujer que a toda una cultura. El autocar avanza sobre una alfombra roja hecha de mujeres. Trump se baja de él, alardea de que agarra a las mujeres por el coño sin que le pase nada, y menos de un mes después sale elegido presidente. Crea una Administración que empieza cercenando los derechos de las mujeres, entre ellos los de las víctimas de agresiones sexuales.

La Fox renovó el contrato a Bill O'Reilly después de que este llegase a un acuerdo para zanjar una demanda de acoso sexual por treinta y dos millones de dólares, un pago a cambio del silencio de una víctima que incluyó la destrucción de todos los correos electrónicos que documentaban lo que le había hecho a la mujer. La empresa cinematográfica de Weinstein sobornó a las víctimas, cuyo silencio se compró con acuerdos. Por lo visto los colegas varones heterosexuales del mundo de la comedia crearon un muro protector de silencio en torno a Louis C. K., lo que deja claro que el hombre que se masturbaba delante de mujeres escandalizadas que no lo deseaban ni habían dado su consentimiento era más valioso que ellas y seguiría escuchándosele.

Hasta que algo se rompió; hasta que los periodistas fueron a la caza de historias que habían permanecido ocultas a plena vista. Y las historias salieron en tropel: sobre editores, propietarios de restaurantes, directores, escritores famosos, artistas famosos, activistas políticos famosos. Las conocemos. Sabemos que los compañeros de instituto de la víctima de la violación de Steubenville de 2012 la acosaron y la amenazaron por haber denunciado el hecho. Cuatro adultos del distrito escolar fueron acusados de obstrucción a la justicia por encubrir los delitos. El mensaje era claro: los chicos importan más que las chicas, y lo que los chicos les hagan a las chicas no importa. Una investigación de 2003 informó de que el setenta y cinco por ciento de las mujeres que habían denunciado casos de acoso sexual en el trabajo sufrió represalias. El castigo por denunciar un castigo.

¿Cómo sería la vida de las mujeres, cuáles serían nuestros roles y logros, qué sería nuestro mundo, sin este terrible castigo que se cierne sobre nuestra existencia cotidiana? Sin duda cambiarían quién ejerce el poder y nuestra concepción de este, lo que equivale a decir que la vida de todos sería diferente. Seríamos una sociedad distinta. En los últimos ciento cincuenta años hemos cambiado un poco, pero desde la guerra de Secesión se sigue apartando a la comunidad negra; desde que las mujeres consiguieron el derecho al voto, hace ya noventa y nueve años, se las continúa excluyendo, sea cual sea su color de piel y, claro está, a las mujeres negras se las castiga por partida doble. ¿Quiénes seríamos si nuestras epopeyas y leyendas, nuestros directores y magnates de los medios de comunicación, nuestros presidentes, congresistas, directores ejecutivos y billonarios no fueran tan a menudo blancos y varones? Porque los hombres ahora desenmascarados controlaban los relatos, con frecuencia literalmente, en su calidad de ejecutivos de cadenas de radio, realizadores de cine, jefes de departamentos universitarios. Esos relatos son puertas que traspasamos o que se nos cierran en las narices.

Es meritorio que Diana Nyad se convirtiera en una gran nadadora pese a tener a un violador como entrenador, y que las gimnastas olímpicas del equipo estadounidense ganaran medallas a pesar de que su médico fuera un acosador sexual. Pero ¿quiénes habrían sido en su vida personal y qué éxitos profesionales habrían alcanzado sin el daño infligido por hombres que deseaban causárselo y que consideraban que hacérselo era su derecho y su gusto? ¿Quiénes habríamos sido todos nosotros si nuestra sociedad no hubiera normalizado e incluso celebrado ese castigo y a los hombres que lo imponen? ¿A quiénes hemos perdido por culpa de esa violencia antes de que llegáramos siquiera a conocerlas, antes de que tuviesen la oportunidad de dejar su huella en el mundo?

Medio siglo después de los hechos, Tippi Hedren contó que Alfred Hitchcock la había acosado y agredido sexualmente fuera de las cámaras, la había castigado delante de ellas y, «con la cara roja de rabia», le había dicho «destrozaré tu carrera» si ella seguía rechazándolo. Hitchcock, cuyo deseo de castigar a mujeres hermosas es el motor de muchas de sus películas, hizo lo posible por conseguirlo, e incluso impidió que la nominaran a un Oscar por su papel de protagonista en *Marnie, la ladrona*, de 1964. Esos famosos no son las excepciones, sino los ejemplos, las figuras públicas conocidas por todos que representan los dramas que se desarrollan en las escuelas y los despachos, las iglesias, las campañas políticas y las familias.

Vivimos en un mundo donde un número incalculable de mujeres han visto socavada su capacidad creativa y profesional por los traumas y las amenazas, por la infravaloración y la exclusión. Un mundo en el que gozaran de la misma libertad que los hombres y se las animara a hacer aportaciones, en el que viviéramos sin este miedo generalizado, sería inconcebiblemente distinto. Del mismo modo, en un Estados Unidos donde las personas de color no vieran cómo cada vez más se suprimen sus votos, donde no se enfrentaran asimismo a la violencia, la exclusión y la denigración, tal vez no solo se hubiera obtenido un resultado diferente en las últimas elecciones, sino que también habrían sido distintos los candidatos y los temas de debate. El tejido de la sociedad sería otro. Debería serlo. Porque sería la imagen de la justicia y la paz, o al menos los cimientos sobre los que construirlas.

Rebecca Traister y otras han señalado algo importante: que no deberíamos lamentar el fin de la vida creativa de hombres que se ha descubierto que son depredadores; deberíamos pensar en las aportaciones creativas que no hemos tenido, que nunca conoceremos, porque se ha aplastado o acallado a sus creadores. Cuando Trump salió elegido se nos instó a no normalizar el autoritarismo y las mentiras, pero las pérdidas debidas a la misoginia y al racismo se han normalizado sin cesar. La tarea ha consistido en desnormalizarlas y romper el silencio que imponen. En crear una sociedad donde se cuenta la historia de todo el mundo.

Esta es también una guerra acerca de los relatos.

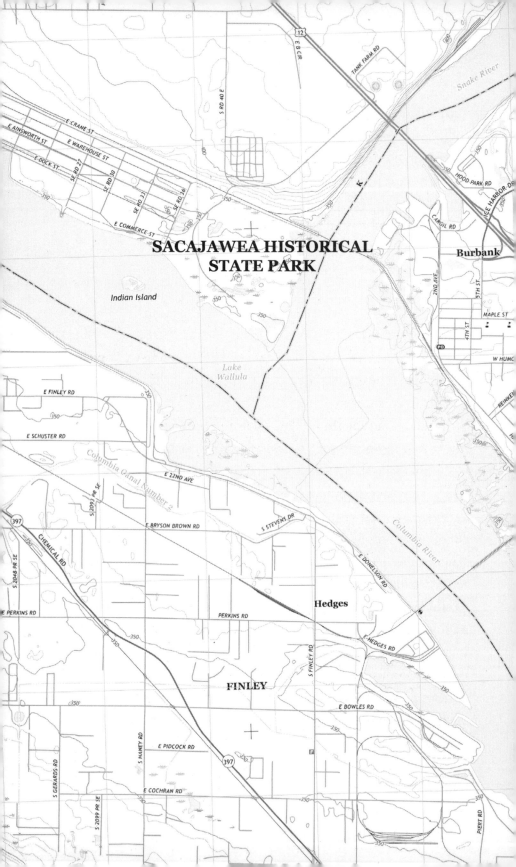

SACAJAWEA HISTORICAL STATE PARK

Burbank

Indian Island

Snake River

E CRANE ST

E AINSWORTH ST

E WAREHOUSE ST

E DOCK ST

SE RD 27

SE RD 30

SE RD 33

SE RD 36

E COMMERCE ST

TANK FARM RD

S RD 40 E

E B CIR

12

HOOD PARK RD

ICE HARBOR DR

CARGIL RD

2ND AVE

5TH ST

4TH ST

PO

MAPLE ST

W HUMC

REINKE

350

350

350

350

350

Lake
Wallula

E FINLEY RD

E SCHUSTER RD

Columbia Canal Number 2

E 22ND AVE

S 2093 PR SE

397

CHEMICAL RD

S 2048 PR SE

E BRYSON BROWN RD

S STEVENS DR

Columbia River

E DONELSON RD

350

Hedges

E PERKINS RD

PERKINS RD

E HEDGES RD

S FINLEY RD

FINLEY

E BOWLES RD

350

350

S HANEY RD

E PIDCOCK RD

397

S GERARDS RD

S 2099 PR SE

E COCHRAN RD

PIERT RD

350

350

350

350

350

El problema del sexo
es el capitalismo

Desde la masacre de Toronto de abril de 2018, cuando un hombre asesinó a diez peatones al embestir con una furgoneta a una multitud, numerosos comentaristas se han enterado con retraso de la existencia de la subcultura digital del «incel» (abreviación de «célibe involuntario» en inglés), sobre la que se ha hablado mucho. Con demasiada frecuencia se ha tratado como si fuera una manera desconocida y extraña de concebir el mundo. En realidad no es más que una versión extrema del sexo en el capitalismo que todos conocemos, porque se encuentra a nuestro alrededor en todo, por doquier, desde hace mucho tiempo. Y quizá el problema del sexo sea el capitalismo.

En la concepción del mundo de los inceles que compartía el asesino de Toronto subyace el siguiente razonamiento: el sexo es una mercancía; la acumulación de dicha mercancía realza el estatus del varón; todos los hombres tienen derecho a acumularla, pero las mujeres ponen trabas a la acumulación y, en consecuencia, son el enemigo además de la mercancía. Los inceles quieren mujeres de posición elevada y están enfadados por tener una posición inferior, pero no ponen en tela de juicio el sistema que asigna las posiciones y nos mercantiliza de un modo lastimoso y deshumanizador.

El privilegio también desempeña un papel: si una persona no se cree con el derecho a tener relaciones sexuales, tal vez se sienta triste, sola o desanimada al no conseguir lo que desea. No se enfurecería con nadie a menos que considerara que esos «alguien» están en deuda con ella. Se ha señalado que algunos de esos hombres sufren enfermedades mentales o marginación social, pero, al parecer, eso solo los vuelve más propensos a la ira en los medios digitales y a la interiorización de un relato convencional llevado al extremo. Es decir, la enfermedad mental o la marginación social no son la causa de esa concepción del mundo.

Por el contrario, los vuelven más vulnerables a ella: esa cosmovisión da forma o dirección al aislamiento y la incapacidad. Muchos de nosotros gozamos de un grado de inmunidad gracias al acceso a contrarrelatos y al contacto afectuoso con otros seres humanos, pero la idea de que cada persona tiene un precio de mercado nos afecta a todos.

Si un hombre considera que las mujeres son personas dotadas de ciertos derechos inalienables, entonces el sexo heterosexual tiene que ser, a diferencia de la violación, algo que dos personas hacen juntas porque ambas lo desean, pero, por lo visto, esta noción de las mujeres como personas es incomprensible o inaceptable para infinidad de hombres, no solo para los inceles.

Las mujeres entendidas como cuerpos son relaciones sexuales a la espera (de los hombres), y las mujeres entendidas como personas son irritantes guardianas que se interponen entre los varones y los cuerpos femeninos, razón por la cual hay montones de consejos acerca de cómo engañar o arrollar a la guardiana. Y no solo en foros digitales de inceles y de artistas del ligue, sino como material chistoso de películas y libros desde *Las amistades peligrosas* y la conquista del trofeo de Casanova. A menudo la seducción es un eufemismo del asedio militar.

De hecho, esta deshumanización que convierte el sexo en una actividad que los hombres exigen a las mujeres, sin que estas tengan nada que decir, es anterior al capitalismo. La guerra de Troya empieza cuando el troyano Paris rapta a Helena y se la queda como esclava sexual. Durante el conflicto bélico por la recuperación de Helena, Aquiles captura a la reina Briseida y se la queda como esclava sexual después de matar a su marido y sus hermanos (y el asesinato de toda la familia de alguien es en general muy antiafrodisiaco). Agamenón, compañero de armas de Aquiles, tiene algunas esclavas sexuales, entre ellas la profetisa Casandra, a quien Apolo maldijo con el don de anunciar profecías que nadie creería cuando ella se negó a tener relaciones sexuales con él. Interpretada desde el punto de vista de las mujeres, la guerra de Troya se parece al Estado Islámico entre los yazidíes.* Por ese motivo tal vez sea significativo que en 2018 se concediera el Premio Nobel de la Paz a Nadia Murad, que fue esclava sexual y defiende los derechos humanos de su pueblo (compartió el galardón con el ginecólogo congoleño Denis Mukwege, cofundador de un refugio para las supervivientes de violaciones llamado Ciudad de la Alegría).

El feminismo y el capitalismo están reñidos si en uno las mujeres son personas y en el otro son una propiedad. Pese a que llevamos medio siglo de reforma y revolución feministas, a menudo el sexo continúa entendiéndose mediante modelos propios del capitalismo. El sexo es una transacción; el estatus de los varones se realza con el acopio de transacciones, como si estas fue-

---

* A partir de 2014 se produjo el genocidio de los yazidíes a manos del Estado Islámico, con el asesinato de hombres y niños varones y la esclavización de miles de mujeres y niñas, que con frecuencia fueron víctimas de explotación sexual; sería interesante estudiar las coincidencias ideológicas entre el Estado Islámicos y los inceles.

ran fichas de póquer. En sus memorias de 1991, Wilt Chamberlain, estrella del baloncesto, alardeó de haberse acostado con veinte mil mujeres (lo que incitó a algunos a echar la cuenta: alrededor de 1,4 al día durante cuarenta años). ¡Y luego hablan de la acumulación originaria! El presidente de Estados Unidos ha intentado con frecuencia realzar su posición relacionándose con mujeres mercantilizadas, y es bien conocido que denigra a las demás mujeres por no encajar en el modelo de amiguita/Miss Universo. No se trata de algo menor, sino clave en nuestra cultura, y el presidente de nuestro país lo defiende.

La posición de la mujer es ambigua en lo que se refiere a la experiencia sexual, o quizá deprimente en cualquier caso: como mercancía debe ser deseable, pero en ocasiones se considera que el resultado de esa característica —el contacto erótico— la convierte en una persona usada, contaminada, impura, merecedora de castigo. Mientras que los hombres adquieren algo en una transacción sexual, por lo visto las mujeres pierden. Es probable que tanto ser sensual como no serlo conduzcan al castigo, y se supone que la mujer ideal es ambas cosas, ninguna y un intermedio imposible. Y muchas veces, sus relaciones sexuales no se evalúan teniendo en cuenta si ha disfrutado de ellas, sino si su pareja lo ha pasado bien; cuando una persona es la mercancía no es la consumidora.

Encontramos por doquier esa idea del sexo como algo que los hombres obtienen, a menudo intimidando a las mujeres, importunándolas, engañándolas, agrediéndolas o drogándolas. La misma semana del atentado con la furgoneta de Toronto, se declaró a Bill Cosby, con retraso, culpable de una de las más de sesenta agresiones sexuales denunciadas por mujeres. Se le acusaba de haberles dado pastillas para que quedaran inconscientes o fueran incapaces de resistirse. ¿Quién desea tener relaciones sexuales con alguien sin conocimiento? Al parecer, un montón de hombres, pues existen las drogas de violación, al igual que las técnicas de las fraternidades universitarias para inducir a chicas menores de edad a beber hasta perder el sentido. Brock Turner, conocido como el violador de Stanford, agredió a una mujer anulada por el alcohol, paralizada e incapaz de oponer resistencia.

En el capitalismo, las relaciones sexuales pueden mantenerse con objetos inertes, no solo con colaboradores vivos. No se conciben como un acto lúdico de cariño que dos personas hacen en colaboración, sino como algo que una persona obtiene. En ocasiones a la otra persona apenas si se la reconoce como tal, y muchas veces hay que despojarla de esa condición para que se lleve a cabo esta versión del sexo. Es una versión solitaria. Algunas culturas personifican los objetos y consideran que incluso las piedras y los manantiales son seres animados dignos de respeto; en la nuestra hasta los seres humanos se consideran objetos y mercancías que no merecen respeto. Las primeras representan un mundo colmado de presencias y conciencia; la segunda implica numerosas formas de pasividad y embotamiento.

Los inceles son hombres heterosexuales que ven desde lejos ese sexo mecanicista y transaccional y lo desean al mismo tiempo que se enfurecen con quienes disfrutan de él. Al parecer no han contemplado como posible factor el que las mujeres quizá no quieran intimar con hombres que las odian y que tal vez pretendan hacerles daño, ya que da la impresión de que los inceles carecen de empatía, la capacidad de compartir con la imaginación lo que otra persona siente. Tampoco se les ha ocurrido planteárselo a otros muchos varones, pues poco después de que se acusara a un incel de Toronto de ser un asesino en masa se desbordó la compasión hacia él.

El columnista del *New York Times* Ross Douthat atribuyó a un liberal la siguiente idea: «Si nos preocupa la justa distribución de la propiedad y del dinero, ¿por qué suponemos que el deseo de una especie de redistribución sexual es intrínsecamente absurdo?». En parte, la insensatez de la frase estriba en que ni al conservador Douthat ni a los liberales les preocupa la justa distribución de la propiedad y del dinero, que a menudo se denomina «socialismo». Hasta que, por lo visto, la propiedad son las mujeres. Entonces contemplan felices una redistribución que no parece mostrar más interés por los deseos de las mujeres que los caudillos que se repartían las esclavas sexuales en la guerra de Troya.

Por suerte, alguien mucho más inteligente abordó el tema antes de la masacre de Toronto. Amia Srinivasan escribió en el *London Review of Books*: «Es llamativo, aunque no sorprendente, que, mientras que los hombres tienden a responder a la marginación sexual creyendo que tienen derecho sobre los cuerpos femeninos, las mujeres que viven la marginación sexual suelen responder a ella hablando no de derechos, sino de empoderamiento. Y si acaso hablan de derechos, es del derecho al respeto, no a los cuerpos de otras personas».

Es decir, las mujeres no consideradas deseables ponen en tela de juicio la jerarquía que adjudica una posición a determinados cuerpos y que los sexualiza al tiempo que niega eso mismo a otros. Piden que pensemos en redistribuir nuestros valores, nuestra atención y quizá, incluso, nuestros deseos. Piden que la gente se muestre más amable y no se obceque tanto en ideas convencionales acerca de quién puede ser una buena mercancía. Nos piden que seamos menos capitalistas.

Lo que aterroriza de los hombres inceles es que parecen creer que el problema reside en que no tienen relaciones sexuales, cuando lo que en realidad no tienen es empatía, compasión ni la imaginación que acompaña a esas facultades. Son algo que no se compra con dinero y que el capitalismo no enseña. Pueden enseñárnoslas las personas a las que amamos, pero primero hay que amarlas.

Sobre el trabajo de las mujeres
y el mito del monstruo del arte

La abogada laboralista que conozco entiende su trabajo como un acto de solidaridad, aunque obtenga un sueldo por él, y algunos activistas por el clima que conozco cobran un salario y se preocupan por el destino del mundo, y los médicos y enfermeros que conozco quieren ganarse la vida y tal vez tener cosas bonitas y hacer las cosas a su manera, como nos pasa a todos, pero también desean salvar vidas cuando puedan salvarlas y, cuando no sea posible, confortar a los moribundos y mejorarles el viaje, y les apasiona tanto su trabajo que a menudo también lo hacen gratis, de modo que tienen por norma ofrecer sus servicios y conocimientos en las emergencias.

Escribir es asimismo un trabajo sin esa línea divisoria: queremos sumergirnos en nuestro interior y crear algo hermoso que cambie el mundo, esperamos que ese cambio sea a mejor y, si tenemos suerte, nos ganamos la vida de ese modo. Quien lea esto será casi con certeza alguien para quien un poema, un artículo o un libro ha sido alguna vez un bote salvavidas al que subirse en un momento de necesidad. Aun así, el egoísmo de los escritores es un motivo recurrente al que desearía atar pesas de plomo a fin de que nunca más volviera a salir a la superficie.

Me gustó casi todo el artículo que Claire Dederer publicó en
el *Paris Review*, «What Do We Do with the Art of Monstrous
Men», que me envió una amiga, una brillante y entregada activista por el clima. Me gustó hasta bien avanzado el texto, hasta
que Dederer reflexiona sobre la idea del «monstruo del arte» de
Jenny Offill:

> «Mi plan era no casarme jamás. En lugar de ello, iba a ser un
> monstruo del arte. Las mujeres no llegan casi nunca a ser mons
> truos del arte, porque los monstruos del arte solo se ocupan de
> ese arte, nunca de las cosas cotidianas. Nabokov ni siquiera cerra
> ba su paraguas. Y Vera le humedecía los sellos». [...] Las escritoras
> que conozco sueñan con ser más monstruosas. Lo dicen medio
> en broma: «Ojalá tuviera una esposa». ¿Qué quiere decir eso?
> Quiere decir que sueñan con abandonar los cuidados cotidianos
> para practicar los sacramentos egoístas que exige el arte.*

No cabe duda de que muchos hombres que dirigían departamentos de contabilidad, diseñaban piezas de máquinas o se
pasaban el día viendo la televisión también eran egoístas y tenían
esposas que se lo hacían todo; el egoísmo no es privativo de los
artistas..., ni de los varones: no faltan ejemplos de mujeres egoístas. Tal vez exista un tipo particular de egoísmo ligado a la
bohemia, un tipo que la idea del genio —una persona que es
más especial e importante que las demás— alienta.

Rosemary Hill escribió hace poco sobre Ida y Augustus John
y su atroz matrimonio de principios del siglo XX:

---

* Claire Dederer, «¿Qué hacer con el arte de hombres monstruosos?»,
traducción de María Luisa Rodríguez Tapia, publicado en *El País* el 9 de
enero de 2018.

Tal vez el hombre bohemio hubiera idealizado a las mujeres como musas y modelos, pero estaba libre de las obligaciones burguesas de ser fiel o de ganar dinero, si bien rara vez era tan original como para ocuparse de las tareas domésticas o del cuidado de los hijos. La mujer bohemia con hijos estaba tan constreñida al hogar como la esposa de un abogado, pero sin la seguridad ni el personal con que contaban las casas de clase media.

Sin embargo, según mi experiencia, el estilo de vida bohemio y la producción creativa son enemigos tan a menudo como aliados.

¿El egoísmo es necesario para el arte en mayor medida que otros elementos? Mi amiga abogada laboralista viaja mucho, pese a que a sus hijos no les guste, y su marido, ingeniero de software, se queda al mando de todo cuando ella no está, porque, en efecto, no es preciso ser mujer para ser el principal cuidador o para compartir los cuidados de forma igualitaria con la pareja. Y no es egoísta por ganarse la vida u ocuparse de los trabajadores y de sus extraordinariamente amables y encantadores hijos. En el Área de la Bahía no son una novedad las historias sobre el número escandaloso de horas que muchas personas trabajan en las empresas tecnológicas, y la madre sin pareja de mi familia extensa suele tener dos o tres empleos a fin de dar un techo y alimento a sus hijos. Creo que no conozco a ninguna mujer con hijos de la zona que sea ama de casa.

No cabe duda de que en la creación artística, o en algunos tipos de creación artística, existe una mayor implicación del yo, pues a menudo es un acto solitario, por lo general introspectivo y a veces personal, pero esa inmersión en el interior puede entrañar tanto un desmantelamiento de las risueñas vanidades de la vida sin examen como una celebración del propio creador. Aun cuando se escribe desde una profunda soledad, por lo general se escribe porque se desea decir algo a otras personas y se alberga la secreta esperanza de que de algún modo les haga bien, ya sea proporcionándoles placer o una nueva percepción de lo conocido o vislumbres de lo desconocido, o simplemente descripciones del mundo y de nuestra psique que vuelvan a convertir el mundo en algo novedoso, insólito y que merezca la pena.

Una persona crea arte porque le parece que lo que crea es bueno, y «bueno» significa que lo es para otras, y no tiene por qué ser grato o cómodo, sino que debe conducir hacia más verdad, justicia, conciencia o reformas. Yo escribo no ficción y conozco a muchos periodistas, escritores, políticos e historiadores que orientan más abiertamente sus esfuerzos a cambiar el mundo, pero creo que lo mismo cabe decir de los poetas. Este fin de semana un amigo me envió un poema de Neruda para celebrar las mareas reinas —las mareas invernales excepcionalmente altas que tenemos aquí— y, si bien es difícil explicar de qué modo puede ayudar a alguien, a mí me ayuda leer:

> *el desdén y el deseo de una ola,*
> *el ritmo verde que en lo más oculto*
> *levantó un edificio transparente*

Porque el placer forma parte de lo que nos permite salir adelante y nos ayuda a hacer lo que hemos venido a hacer aquí. Porque la lucha política consiste en proteger lo vulnerable y lo hermoso, y prestarles atención forma parte del proyecto.

Dederer escribe lo siguiente:

> Una mujer escritora no necesariamente se suicida ni abandona a sus hijos. Pero siempre abandona algo, una parte solícita de sí

misma. Cuando acaba un libro, el suelo está lleno de pequeñas cosas rotas: citas canceladas, promesas incumplidas, compromisos deshechos. Y otros olvidos y fallos más importantes: los deberes de los hijos sin haber sido repasados, las llamadas no hechas a los padres, el sexo conyugal olvidado. Todas esas cosas tienen que romperse para que se escriba el libro.

El marco conceptual de Dederer parece insinuar que ser mujer es ser madre, hija y esposa, y que cada una de esas condiciones implica que siempre tiene una obligación con los demás. Supone que el trabajo creativo choca con la vida personal y que los hombres con una vida creativa fabulosa desatienden asuntos que las mujeres no pueden dejar de lado sin —los verbos que emplea Dederer rechinan con dureza— abandonar, olvidar, fallar, romper. La idea de que una escritora «abandona algo, una parte solícita de sí misma» da a entender que no puede ser amable y apoyar a los demás y escribir, y que es inevitable que la parte de amabilidad de la vida de las mujeres resulte opresiva.

Es un marco conservador en un texto que contempla con recelo el compromiso político como otra forma de egoísmo. Mi amiga activista del clima me mandó las siguientes líneas del artículo: «Cuando tienes un sentimiento moral, estás satisfecho contigo mismo. Colocas tus emociones en un lecho de lenguaje ético y te admiras por hacerlo». Sin embargo, las personas inclinadas a la admiración se admiran al menos en la misma medida por tener mucho mundo y ser libertinas y sofisticadas al tolerar un pequeño escándalo, o por ser neutrales y desapegadas y estar al margen de la contienda; las que se sienten satisfechas de sí mismas encuentran numerosas maneras de sentirse de ese modo. Y el autoengrandecimiento apenas si es un motivo aceptable para dedicar la vida a organizar a los braceros en sindicatos o a proteger el Refugio Nacional de la Fauna y la Flora del Ártico, por citar dos actividades que realiza gente que conozco. Lo que parece estar sobre el tapete es el egoísmo, y tanto ser artista como ser idealista se presentan como actos egoístas.

He publicado veinte libros sin abandonar nada ni a nadie, que yo sepa. Las relaciones matrimoniales, parentales y filiales no son —me parece mentira que esté diciendo esto una vez más— inherentes a la condición de ser mujer. Conozco a escritoras cuyos hijos hace tiempo que son mayores, a muchas que no han tenido hijos y a otras que han encontrado la manera de escribir y ser madres (véase más arriba: cónyuge; igualdad). Conozco incluso a escritores varones que son abnegados cuidadores principales. Mucha gente —mujeres, hombres y personas no binarias— se implica en las necesidades de sus seres queridos y aun así se entrega con pasión a su arte, a la revolución o a su profesión. Cuando tienen familia, a menudo su trabajo consiste también en mantenerla, porque tal vez sea necesario revisar los deberes de los hijos, pero no cabe la menor duda de que estos necesitan una casa, comida, ropa y un seguro de asistencia sanitaria.

A la amiga activista por el clima que me envió el artículo, una joven con una enorme conciencia, le escribí:

> El buen trabajo creativo es cuidado solícito. De lo que más les importa a quien lo crea y al mundo. O sea, como dije en mi ensayo *La madre de todas las preguntas*: ¿quién demonios desea que Virginia Woolf hubiera tenido hijos en lugar de libros? La idea de que las mujeres tienen que ser o lo uno o lo otro: la rechazo. También por ti, y tu trabajo es amabilidad escrita en letras grandes en el cielo.

Rachel Carson cuidó de su sobrino nieto sin descuidar la verdad de que los pesticidas amenazan a los seres humanos, las aves y los ecosistemas, y con su último libro cambió el mundo al convertirlo en un lugar más seguro para millones de niños.

Se trata de un cuidado tan planetario que apenas puedo describir su alcance y su amabilidad, y sin el trabajo de Carson los pelícanos, las garzas y las garcetas que he visto este fin de semana en los pantanos quizá estarían al borde de la extinción como especie. Tal vez Martin Luther King debería haber pasado más tiempo con sus hijos, pero estos se contaron entre los millones de niños cuya suerte mejoró gracias al trabajo que él ayudó a catalizar, sin por ello dejar de velar por el futuro de su descendencia. Sus palabras y ejemplos siguen sustentándonos, al igual que los de todos los héroes del pasado que recordamos.

Escribir es un trabajo que puede mantener la cabeza bien alta junto con todos los otros tipos de trabajo provechoso, y es un verdadero trabajo. Los buenos escritores escriben desde el amor, por amor y a menudo, en cierto modo, directamente o no, por la liberación de todos los seres, y la amabilidad que eso entraña es inconmensurable.

Causar furor

Cualquiera pensaría que habría más material publicado sobre por qué los hombres están tan enfadados: el presidente, la turba de Charlottesville en 2017, el nacionalpopulismo en general, los que buscan pelea en los bares, los que maltratan a su esposa, los que pegan a los gais, los que tirotean a multitudes, el que se hizo más famoso de lo que preveía por gritar a dos mujeres que hablaban en español en un restaurante de Manhattan un día de mayo de 2018. Añádanse los hombres poderosos e insignes, los denunciados en el #MeToo, que han sido crueles con las mujeres y las han degradado, y los que, cuando el *New York Times* incluyó a Sarah Jeong en su consejo editorial, montaron en cólera y le lanzaron insultos sexuales y racistas porque se había atrevido a hacer chistes sobre gente blanca en Twitter (y en abril de 2019, el disparatado furor se dirigió contra la científica computacional Katie Bouman cuando se la elogió por crear el algoritmo que permitió obtener la primera imagen fotográfica de un agujero negro). A menudo, la ira va ligada al privilegio: la idea —subyacente en buena parte de la violencia que se da en Estados Unidos— de que la voluntad personal debería imponerse, de que los derechos propios valen más que los ajenos y de que a los otros no debería corresponderles nada bueno.

La ira masculina es un asunto de seguridad pública, así como una fuerza de los movimientos sociales y políticos más desagradables de nuestra época, desde la epidemia de violencia machista a los tiroteos masivos, desde los neonazis a los inceles. Puesto que normalizamos el comportamiento de los varones, y en especial el de los varones blancos, rara vez se señala que numerosos movimientos de extrema derecha, como por ejemplo el grupo terrorista neonazi estadounidense Atomwaffen Division, son casi exclusivamente masculinos. (Entre las valiosas excepciones figura el reciente libro de Michael Kimmel, *Healing from Hate*, que analiza la furia masculina en la política mundial). Hasta hace muy poco hemos considerado inevitable que las mujeres nos adaptemos a esos arranques llevando gas pimienta en el bolso, con clases de defensa personal y con limitaciones a nuestra libertad de movimiento, caminando de puntillas alrededor de los hombres que aprovechan su imprevisibilidad para intimidar y controlar a los demás. En vez de una teoría sobre la ira masculina disponemos de una bibliografía creciente de artículos y, últimamente, de libros sobre la ira femenina, un fenómeno en proceso de cambio.

Buenas y enfadadas, el reciente libro de Rebecca Traister, examina las causas de esa ira, su represión y su desahogo en los últimos seis años de acción feminista, sobre todo en respuesta a cómo se trató a Hillary Clinton en las elecciones de 2016 y al extraordinario cambio en el poder exigido por las mujeres en el #MeToo. *Enfurecidas*, de Soraya Chemaly, se centra en las maneras en que se gestionan, juzgan y valoran los sentimientos de las mujeres (y, en comparación, los de los hombres) en la vida norteamericana de nuestra época, en tanto que *Eloquent Rage: A Black Feminist Discovers Her Superpower*, de Brittney Cooper, es una narración en primera persona acerca del poder, la solidaridad, la raza, el género y sus intersecciones. Estos libros han llegado en un momento en que muchas mujeres han cambiado y demasiados hombres siguen igual que antes... y, de hecho, algunos se han replegado en una misoginia y un furor exaltados contra la erosión de su supremacía. Las mujeres que ya no están obligadas a complacer a los varones pueden manifestar por fin su ira, porque económicamente dependemos menos de ellos que en el pasado y porque el feminismo ha redefinido lo que es correcto y aceptable expresar. «Las expectativas de los roles de género [...] dictan hasta qué punto podemos usar la furia de forma efectiva en los contextos personales y como participantes en la vida cívica y política —observa Chemaly—. [...] Una sociedad que no respeta la ira de las mujeres es una sociedad que no respeta a las mujeres como seres humanos, pensadoras, conocedoras, participantes activas o ciudadanas».[*]

Tal vez con el tiempo las mismas transformaciones feministas que han permitido este torrente acaben con las causas de nuestra ira. Gran parte de la furia de la que se habla en esos libros nace de la frustración: de la incapacidad para gozar de respeto, igualdad, control sobre el cuerpo y el destino propios, o de presenciar la opresión de otras mujeres. Uno de los escollos a la hora de establecer la igualdad es que se confunda el adquirir poder con desatar la ira. El problema que se nos plantea a todos es el siguiente: ¿cómo, sin idealizar y reforzar la ira, podemos conceder a las personas que no son blancas ni varones el mismo derecho a sentirla y expresarla?

Hace mucho tiempo oí un cuento zen sobre un samurái que exige a un sabio que le explique qué son el cielo y el infierno. El sabio le responde preguntándole por qué debería explicarle algo

[*] Soraya Chemaly, *Enfurecidas: Reivindicar el poder de la ira femenina*, traducción de Ana Pedrero y Antonio Francisco Rodríguez, Barcelona, Paidós, 2019.

a un idiota como él. El samurái se enfada tanto que desenvaina la espada y se dispone a matarlo. Acerca la hoja al sabio, que le dice: «Eso es el infierno». El otro se detiene y empieza a entender. «Eso es el cielo», dice el sabio. El cuento presenta la ira como sufrimiento e ignorancia, y el conocimiento como la antítesis.

La furia verbal y la violencia física son debilidad. (En este punto pienso en el libro de Jonathan Schell sobre el poder de la no violencia, *El mundo inconquistable*, en el que defiende que incluso la violencia de Estado es, en última instancia, debilidad, pues, como escribió Hannah Arendt, la musa que preside la obra: «El poder y la violencia son opuestos; donde uno domina absolutamente falta el otro. [...] hablar de un poder no violento constituye en realidad una redundancia»).* La ecuanimidad es una de las virtudes fundamentales del budismo, y en muchas filosofías budistas la ira se considera un veneno. Con excesiva frecuencia se endurece hasta convertirse en odio o bien se inflama para dar paso a la violencia. El sabio pone de manifiesto que el samurái se siente mal cuando se dispone a cometer un asesinato: la gente enfadada es infeliz. El sabio muestra asimismo que el samurái se deja arrastrar con facilidad por lo que otra persona dice o hace: la gente que se enfada fácilmente es fácil de manipular.

No obstante, en Occidente hablamos sin cesar de la ira y nos parecemos más al samurái que al sabio. Suponemos que, al menos la masculina, es una reacción inevitable y normal a circunstancias desagradables e insultantes, y que es eficaz. En el verano de 2018, la NBC emitió un vídeo de un hombre de Nashville que montó en cólera en una gasolinera cuando una mujer lo rechazó después de que él le propusiera una y otra vez que se acostaran juntos.

---

* Hannah Arendt, *Sobre la violencia*, traducción de Guillermo Solana, Madrid, Alianza Editorial, 2005.

(¿Acaso creía que las mujeres van a las gasolineras en busca de ligues, y no de gasolina o quizá de un refresco? ¿O consideraba que las mujeres en general le debían algo y que tenía derecho a castigar por desobediencia a cualquier desconocida?). En la filmación, el individuo se sube de un salto al coche de la mujer, da patadas al parabrisas y luego la ataca a ella directamente. Esta incapacidad para aceptar un no por respuesta dista de ser excepcional. Desde 2014, un Tumblr titulado *When Women Refuse* (*Cuando las mujeres rechazan*) lleva un registro de la «violencia infligida a las mujeres que rechazan proposiciones sexuales». Y no faltan ejemplos, algunos mortales.

En el caso de aquellos a quienes se les permite la ira, la manifestación de este sentimiento puede tener sus recompensas..., si quieren formar parte de un sistema de intimidación y extorsión, si consideran que las personas con las que interactúan son principalmente competidores a los que acosar en vez de colaboradores a los que abrazar. Algunos de los seres más privilegiados del planeta se abren paso en la vida a base de rabia y bramidos, en particular el presidente y sus seguidores blancos de mayor edad, a los que en los mítines vemos con el rostro crispado por la furia. Esas multitudes están enfadadas, tal vez porque la alternativa sea reflexionar sobre la injusticia y la complejidad de esta época y este país y sobre lo que esos hechos nos exigen.

Buena parte de lo que Traister y Chemaly abordan en sus respectivos libros es un callejón sin salida: vivimos en un mundo con numerosos aspectos a los que las mujeres pueden oponerse, como el que muchos hombres deseen hacerles daño, humillarlas y someterlas, pero reaccionar a ese hecho acarrea sus propios castigos. Chemaly señala que, cuando una mujer se muestra airada, «está automáticamente violando las normas de género. Recibe aversión, se la percibe como más hostil, irritable, desagradable y menos competente». No obstante, si por ejemplo dice con toda la calma del mundo que la violencia de género es una epidemia, es posible que, aun así, la ataquen y la califiquen de iracunda, y esa ira tal vez se esgrima para descartar el testimonio en una sociedad que a menudo espera todavía que las mujeres sean agradables y acomodadizas.

Chemaly cuenta una anécdota inquietante que muestra que a las mujeres se les niega el derecho al enfado a una edad temprana y cómo eso conduce a la negación de los derechos. En el aula de preescolar, su hija construye torres que un niño derriba una y otra vez, y los padres del pequeño justifican la agresividad y rehúsan ponerle remedio. «Entendieron la frustración de mi hija, pero solo hasta el punto de esperar con toda su alma que hallara una forma de sentirse mejor —escribe Chemaly—. No parecieron "ver" que la niña estaba enfadada ni entender que su ira suponía una exigencia hacia su hijo, que estaba directamente relacionada con su propia inacción como padres. Estaban perfectamente satisfechos sabiendo que "ella" cooperaba para que el "niño" pudiera hacer lo que quisiera, y aun así no se sintieron obligados a decirle a su hijo que él debía hacer lo mismo con ella». La niña debe adaptarse al mal comportamiento y aprender los límites de su autoridad y su valía; el niño no tiene que hacer ni lo uno ni lo otro, con lo que los roles de género se refuerzan desde el principio.

Las tres autoras señalan que la raza y el género determinan a quiénes se les tolera el enfado y a quiénes se les censura. Entre las mujeres negras entrevistadas por Traister figuran Alicia Garza, cofundadora de Black Lives Matter, y la congresista Barbara Lee. Esta última cuenta anécdotas fascinantes de su nacimiento —en un hospital donde casi dejaron morir a su madre por su color de piel— y de su mentora, Shirley Chisholm, congresista y candidata a la presidencia en 1972. Chemaly explica que los conservadores se inventaban y criticaban la ira de Michelle Obama, y reflexiona sobre el hecho de que su familia evitara el dolor y el enfado de las mujeres. Se pregunta si sería la ira lo que llevó a su madre a romper su mejor vajilla lanzando los platos en silencio, si fue ira lo que su bisabuela, raptada en la adolescencia por quien sería su marido, sintió respecto a una vida en la que tuvo poco que decir.

El libro de Traister documenta momentos en los que las mujeres han provocado el cambio revocando el silencio y la docilidad que se esperaban de ellas. Además de acontecimientos recientes, presenta estampas de épocas pasadas de la historia norteamericana para hablarnos de Mary Harris Jones, conocida como Madre Jones, y los Trabajadores Industriales del Mundo; de Fannie Peck, que organizó en Detroit las Asociaciones de Amas de Casa; de Rosa Parks, cuyo feminismo anterior al boicot de los autobuses se ha reconocido hace poco; de las *drag queens* y las mujeres trans que encabezaron los disturbios de Stonewall pero desaparecieron de la leyenda, y de Anita Hill, que cuando declaró en el proceso de confirmación de Clarence Thomas se enfrentó a hombres blancos que la trataron con una suficiencia cruel.

Traister presenta la ira como el motivo que llevó a esas mujeres a resistir en cada caso, una ira que les proporcionó la energía necesaria para hacer lo que hicieron. Sin embargo, en ocasiones parece que la energía puede proceder de otra parte. Traister reproduce las palabras de la congresista Lee, quien afirma que, en público, Chisholm se mostraba «templada, con la voz y la actitud firmes, fuertes, *bum, bum, bum*»,* incluso cuando estaba enfa-

---

* Rebecca Traister, *Buenas y enfadadas: el poder revolucionario de la ira de las mujeres*, traducción de Amelia Pérez de Villar, Madrid, Capitán Swing, 2019.

dada. «¿Por qué tenía que llorar a puerta cerrada? Tenía que bajar la guardia y aceptar su dolor». ¿Su dolor era lo mismo que la ira? ¿O era otra cosa? En 1964, Fannie Lou Hamer, activista por los derechos civiles, dijo: «Estoy harta y cansada de estar harta y cansada», algo que tampoco se parece precisamente a la ira; quizá fuera frustración y neurosis de guerra. Traister cita las palabras de Garza, quien dice que «lo que subyace a mi ira es una profunda tristeza» y que se le parte el corazón cuando oye «que una mujer visionaria como Shirley Chisholm solía llorar». Más adelante, Garza le dice a Traister que la pregunta en nuestro caso es la siguiente: «Si estamos preparadas para tratar de ser el primer movimiento de la historia que aprende a lidiar con esa ira, no a evitarla ni a reprimirla, sino a superarla juntos en interés de lo que hay al otro lado».

No queda claro qué hay al otro lado, pero no cabe duda de que Garza adopta el punto de vista del sabio, si bien se compadece del samurái que hay en todos nosotros. Tal vez Cooper ya esté en el otro lado. El suyo es un libro sobre el amor en la misma medida que sobre la ira: la autoestima y la lucha por encontrarla y conservarla; el amor hacia las numerosas mujeres de su vida y hacia figuras públicas como Ida B. Wells y Audre Lorde, Terry McMillan y Hillary Clinton (las tres autoras que comento hablan de Clinton), y, de manera implícita al menos, el amor a la justicia, a la igualdad, a reparar iniquidades y a contar la verdad. Es una obra tierna y generosa, también feroz. Los tres libros recogen un enorme número de anécdotas de personalidades de la vida estadounidense más reciente, pero el de Cooper se distingue por su contundencia, al igual que el viaje de la autora, y por su elocuente —sí— voz personal, que, entre su erudición (Cooper es profesora de la Universidad de Rutgers) y su dominio del argot, es divertida, perturbadora, concisa y mordaz.

Volviendo a la fábula, se diría que el diálogo entre el samurái y el sabio trata de otros temas menos evidentes que la furia y la contención. Uno de ellos es el poder: es fácil imaginar que, si el sabio hubiera tenido la espada, y con ella el poder de decidir sobre la vida y la muerte, su interlocutor no se habría mostrado tan impaciente por recurrir a la violencia, por lo que la conversación se habría acabado con el insulto. Imaginemos que una mujer desarmada planteara al sabio la misma pregunta que el samurái y él le dijera que era tonta y que no tenía derecho a la explicación. Es posible que ella se enfadara como el samurái, pero, a diferencia de este, quizá no expresara el enfado porque supusiera que al manifestarlo se expondría a otros tipos de repulsa.

O tal vez aceptara el calificativo de persona despreciable y el derecho del sabio a desdeñarla, por lo que ni siquiera se enfurecería, sino que se sentiría abatida al creerse su propia inferioridad y la autoridad de él. Es otra clase de infierno que mucha gente habita. No pensemos en la guerrera Uma Thurman de la película *Kill Bill,* donde con una espada de samurái rebana a su adversaria (asiática) la parte superior de la cabeza; pensemos en la auténtica Uma Thurman, quien parece ser que antes del #MeToo normalizó durante mucho tiempo el maltrato del director Quentin Tarantino.

Tanto Chemaly como Traister consideran a Thurman un contraejemplo de las mujeres de ira más descontrolada que describen. En octubre de 2017, cuando se pidió a Uma Thurman su opinión sobre Harvey Weinstein y la revuelta del #MeToo, se mostró reacia a explayarse. «No voy a darte un bonito titular —respondió— porque he aprendido... No soy una niña y he aprendido que cuando hablo enfadada suelo arrepentirme de lo que digo. Por eso espero a estar menos enfadada. Y cuando me sienta preparada diré lo que tenga que decir». Para Chemaly, esta reacción indica que la actriz estaba cercada por las inhibiciones; tendría que haberse expresado en ese momento. «La sensación de Thurman respecto a su propia posición —sostiene Chemaly— reflejaba la precariedad de las mujeres, incluso de las mujeres poderosas, cuando las recorre esta furia».

Traister también analiza las extraordinarias imágenes de una Thurman con las mandíbulas apretadas (la actriz es hija de un conocido académico y budista practicante, y quizá se impregnó de algunas ideas no occidentales sobre los usos y abusos de la ira). No obstante, apunta que «a veces controlar la rabia es el producto de una estrategia; es el caso de Thurman, por ejemplo, que esperaba la ocasión de contar su historia completa». Al cabo de unos meses, en una entrevista para el *New York Times*, Thurman hizo precisamente eso: reveló que creía que Tarantino la había sometido a una «deshumanización hasta el extremo de la muerte» cuando la obligó a interpretar una escena peligrosa en un coche poco seguro, de modo que se estrelló y quedó con dolorosas lesiones permanentes. Confesó que, hasta ese momento, la mayor parte del maltrato infligido por Tarantino (por ejemplo, escupirle en la cara) «era una especie de horrible lucha en el barro con un hermano muy enfadado». El tinglado de la escena peligrosa fue distinto, porque no era solo degradante, sino que además estuvo a punto de resultar mortal. «Por mi parte he tardado cuarenta y siete años en dejar de pensar que quienes se portan mal conmigo están enamorados de mí —reflexionó—. He tardado mucho tiempo porque me parece que en la niñez se nos enseña a creer que la crueldad y el amor están relacionados en cierto modo, y eso es algo así como una etapa que tenemos que superar». Es decir, a las mujeres se las enseña a aceptar el maltrato y a aceptarlo como su antítesis (y a seguir dejando que los chicos les derrumben las torres). La facul-

tad de delimitar nuestra propia experiencia es una de las facultades más importantes.

Thurman puso en entredicho la reputación de dos hombres
con los que había trabajado para hablar tal como ella quería de
su propia lucha y de la difícil situación de las mujeres. Esperó a
que pudiera tenérsela en cuenta y a ser eficaz. Su objetivo no era
únicamente desahogarse, «echar vapor», una metáfora de la época
de la Revolución Industrial que presenta a los seres humanos como
máquinas en las que la presión crece y hay que darle salida. Al
parecer, el propósito de Thurman era contar la verdad de modo
que desencadenara consecuencias tanto para los hombres que la
habían tratado mal como para la opinión pública en general...,
y quizá para quienes participaban en la revuelta feminista que
tenía lugar, porque historias como la suya pueden dar fuerza a
otras mujeres y al movimiento por los derechos de las mujeres. Es
decir, tal vez buscara un tipo de liberación más amplia que el
inmediato desahogo emocional.

«Ira» es una palabra comodín que se aplica a diversos fenómenos que coinciden en parte, pero que son distintos. Entre ellos
se cuentan la indignación, el enojo y la inquietud, que por lo
común nacen de la empatía hacia las víctimas, no de la animadversión hacia los victimarios. Es posible que entre esos sentimientos, que en ocasiones duran toda una vida, no figure la reacción
fisiológica temporal que es la ira física, con elevación de la presión
arterial, pulso acelerado, tensión y a menudo aumento rápido de
la energía. Esta reacción es, en el momento en que aparece, una
forma de prepararse para responder al peligro. Puede resultar útil
si de verdad alguien nos ataca; en cambio, cuando se convierte
en un estado crónico provoca que el cuerpo se vuelva contra sí
mismo, con consecuencias que pueden ser devastadoras o incluso mortales. Muchas veces me ha sorprendido observar que per-

sonas con motivos sobrados para la ira parecían haberla arrumbado, quizá porque de lo contrario podría devorarlas. Entre esas personas se incluyen presos acusados en falso, activistas que intentan sindicar a los braceros, indígenas rebeldes y líderes negros, que se parecen más al sabio que al samurái de nuestro cuento y que son poderosos cuando se trata de hacer cosas y de avanzar hacia un objetivo.

Tuve una experiencia formativa a mediados de la década de 1990, cuando trabajé con activistas que intentaban denunciar los efectos del uranio empobrecido en personas expuestas a él en la guerra del Golfo de 1991 y en emplazamientos estadounidenses de pruebas de armas. Llevé a una emisora de radio a dos expertos entregados a la causa y, durante toda la entrevista, el presentador y ellos hablaron de cosas distintas. Mis colegas, a quienes impulsaban el amor y la compasión por los militares y los civiles de Estados Unidos e Irak expuestos a la sustancia, querían hablar del sufrimiento y de las soluciones. A su interlocutor —si hubiera sido mujer, se le habría calificado de histriónico, egocéntrico e imprevisible—, eso no le interesaba; movido al parecer por el odio al Gobierno, intentó una y otra vez desviar la conversación hacia las acusaciones contra las instituciones de poder. No captó lo que los entrevistados trataban de decirle mientras él intentaba machacar lo que contaban para encajarlo en su molde.

A la mayoría de los grandes activistas —desde Ida B. Wells a Dolores Huerta, desde Harvey Milk a Bill McKibben— los mueve ante todo el amor. Si se enfadan, se enfadan con lo que perjudica a las personas y a los fenómenos que ellos aman, pero su primer impulso es principalmente protector, no vengativo. El amor es esencial; la ira quizá sea opcional.

Si yo fuera hombre

Cuando era muy joven, unos amigos gais organizaron una fiesta travesti. Mi novio de aquella época se disfrazó tan bien —con la ayuda de su madre— que muchos hombres heterosexuales se pusieron nerviosos; necesitaban saber que la sirena de la sonrisa tonta y la combinación ceñida no menoscababa su heterosexualidad. Yo no resulté ni mucho menos tan convincente como hombre con un aire a Rod Steward y una sombra de barba de carboncillo, y me sorprendió un poco darme cuenta de que para mí imitar a un varón significaba despatarrarme en el sofá, eructar y rascarme las partes íntimas, fruncir el ceño y soltar palabrotas. La sensación de no tener que complacer a nadie ni resultar agradable fue divertida, pero no era algo que necesariamente quisiera ser.

Soy lo bastante mayor para que, hasta mediada mi educación primaria, a las niñas no se les permitiera ponerse pantalones para ir al colegio. Recuerdo que un columnista de un periódico de la ciudad argumentó con pánico y malhumor que, si las mujeres llevaran pantalones, el género desaparecería, una posibilidad que contemplaba como algo aterrador. Durante la mayor parte de mi vida he llevado vaqueros y calzado adecuado para caminar por terrenos accidentados, junto con lápiz de labios y melena larga, y ser mujer me ha permitido transitar la frontera entre lo que antes se consideraba masculino y femenino. No obstante, de vez en cuando me he preguntado cómo sería mi vida si fuera hombre. Con esto no pretendo usurpar o aspirar a experimentar el sufrimiento asociado a la disforia de género y a los problemas más profundos en torno al cuerpo, la sensualidad y el sentido de la identidad con que lidian las personas trans.

Me gustan muchas cosas de ser mujer, pero hay momentos y modos en los que constituye una prisión, y en ocasiones fantaseo con salir de ella. Me consta que ser varón puede ser una cárcel en otros aspectos. Conozco y quiero a muchos hombres —heterosexuales, bi y gais— y veo que acarrean unas cargas que me alegro de no llevar a cuestas: todo lo que se supone que no deben hacer, decir y sentir; la vigilancia a que se somete a los niños para impedir que hagan algo contradictorio con las convenciones de la masculinidad heterosexual, o para castigarlos si lo hacen, niños que en sus años de formación continúan considerando que «marica» y «gallina» —que no ser heterosexual ni masculino— son los insultos más despectivos.

En los años setenta, cuando algunos hombres empezaron a comprender que su liberación tal vez correría paralela a la de las mujeres, se celebró una manifestación en la que blandieron una pancarta que rezaba: «Los hombres son algo más que objetos de éxito». En mi condición de niña tal vez quedara liberada por las expectativas de que sería un fracaso en alguna de sus variantes. Podía rebelarme triunfando, mientras que muchos varones blancos de clase media de mi época parecieron rebelarse fracasando, pues en ellos se habían depositado expectativas muy altas. Eso tenía la parte positiva de que en ocasiones recibían más apoyo en sus empeños, pero con el inconveniente de una presión mayor y de unos criterios más rigurosos. Se suponía que de adultos serían presidentes, la alegría o el orgullo de su madre, el único sustento de su familia o un héroe a diario: que de algún modo realizarían hazañas notables; a menudo ser normal, honrado y trabajador no parecía suficiente. Pero el éxito estaba a su alcance, lo cual constituía una ventaja... y todavía lo es. Seguimos teniendo unas desproporciones disparatadas en ciertos frentes; el *New York Times* informó en 2015 de que «hay menos empresas grandes dirigidas por mujeres que por hombres llamados John». Entre las compañías más destacadas de Estados Unidos, por cada una con una mujer al mando «hay cuatro [dirigidas] por hombres llamados John, Robert, William o James».

Cuando mi madre aún vivía y se encontraba en plena forma le decía en broma que mi problema estribaba en que era el hijo perfecto. Por lo que yo sabía, lo que esperaba de mí difería radicalmente de lo que esperaba de sus tres hijos varones. Yo le decía en broma que se suponía que ellos debían arreglarle el tejado y que yo debía arreglarle el alma. Ella quería de mí algo imposible, una combinación de amiga íntima, confidente, apoyo y persona de la que echar pestes por cualquier cosa en cualquier momento o a la que atacar sin que hubiera ninguna consecuencia: una persona que nunca llevaría la contraria ni se marcharía ni defendería sus necesidades; una persona que no era una persona, que es lo que a ella le habían enseñado a ser. Mi madre vivía a poco más de treinta y dos kilómetros al norte de San Francisco, ciudad donde he residido desde los dieciocho años, y yo deseaba pasar a verla a menudo, por ejemplo en los días festivos, en el de la Madre y en el de su cumpleaños, llevarle regalos, escucharla y serle útil en asuntos prácticos mientras seguía con mi vida (a los diecisiete me había ido de casa y había conseguido la independencia económica). En el caso de una hija, eso no bastaba.

De hecho, le molestaban las oportunidades que yo tenía y que ella consideraba que se le habían negado, y en ciertos aspectos entendía que mi carrera profesional afectaba al papel de cuidadora suya, o de cuidadora en general, que me correspondía. Yo sabía que la única forma aceptable de librarme de la dedicación a ella era dedicarme a otras personas —encontrar marido, tener hijos—, y no la falta de tiempo porque trabajara y tuviera mi propia vida. Cuando yo era joven, mi madre solía repetirme este dicho: «Un hijo es hijo hasta que se casa; una hija es hija toda su vida». En sus esperanzas subyacía lo siguiente: yo he sacrificado mi vida por los demás; sacrifica la tuya por mí.

No soy una ofrenda, y mi trabajo fue motivo de conflictos también para otras personas. Ingresé en la universidad antes de la edad habitual, me licencié antes de tiempo y me matriculé en la Escuela de Posgrado de Periodismo de la Universidad de California en Berkeley, donde me gradué antes de cumplir los veintitrés; trabajé en una revista, la dejé y sin darme cuenta me convertí en una escritora independiente, que es en gran medida como me he ganado la vida en las últimas tres décadas. Publiqué un libro a los treinta años, y luego otro...: unos veinticuatro hasta la fecha.

Al principio de mi amistad con una escritora feminista de mayor edad que había escrito muchos libros influyentes, nos reíamos de los hombres a los que conocíamos que se mostraban molestos al enterarse de que habíamos publicado tanto. Al parecer creían que debían tener más éxito que las personas por las que se sentían atraídos; que en cierto modo nuestra obra creativa constituía una agresión o un acto de competencia. Las mujeres no tratamos a los hombres de esa manera (aunque un novelista me contó una vez que su exmujer lo hacía sentir como un caballo de carreras por el que ella apostaba). «Si hubiera sabido que iba a conocerte —les decíamos en broma—, habría quemado los manuscritos». O bien nos burlábamos más tarde: «¿Crees que este libro hará que parezca una intelectual?». A los niños se los tacha de empollones y de frikis, pero en realidad nunca son más listos de la cuenta; las niñas sí, y muchas aprenden a esconder su inteligencia, o bien renuncian a ella, la devalúan o la ponen en duda. Tener opiniones firmes e ideas claras es incompatible con la deferencia lisonjera.

Lo que en un hombre se considera seguridad en sí mismo suele entenderse como competitividad en una mujer; lo que en un hombre es liderazgo es autoritarismo en una mujer; el término «marimandón», al igual que «zorrón» o «arpía», casi nunca se aplica a los hombres (y la campaña electoral iniciada en 2019 nos recuerda que palabras con una connotación positiva asociada al género, como «carismático», al parecer tampoco). Hace unas décadas conocí a una campeona mundial de artes marciales. A la familia de su marido le desconcertaba que este no pudiera apalearla. Suponían que él no deseaba pegarla, pero creían que en cierto modo estaba castrado por esa incapacidad, por el hecho de que ella no lo hiciera sentirse fuerte de esa forma abominable. A él, por su parte, parecía importarle un bledo, lo que le honraba.

Me habría gustado que, como niña, mi inteligencia y mis esfuerzos intelectuales se hubieran considerado un bien absoluto y un motivo de orgullo, en vez de algo que debía administrar con delicadeza a fin de no molestar ni ofender. Para las mujeres heterosexuales, el éxito puede entrañar un fracaso implícito, pues se supone que en su condición de mujeres triunfan haciendo que los hombres se sientan como dioses con su poder. Virginia Woolf apuntó la siguiente reflexión: «Hace siglos que las mujeres han servido de espejos dotados de la virtud mágica y deliciosa de reflejar la figura del hombre, dos veces agrandada».* Lo cual puede parecer algo que una está obligada a ser y ellos tienen derecho a ver.

* Virginia Woolf, *Un cuarto propio*, traducción de Jorge Luis Borges, Barcelona, Lumen, 2020.

He conocido a infinidad de hombres brillantes cuya esposa estaba al servicio de la carrera profesional de él y vivía a su sombra, y en muchos ambientes todavía se considera que casarse con un triunfador es la cima del éxito femenino. A algunas de esas mujeres les fue bien, pero un buen número de ellas parecieron rebajadas por su papel de sirvienta y abnegada consorte, y, si llegaron a divorciarse, se divorciaron de la identidad que habían ayudado a construir y mantener, y a menudo también del bienestar económico que las acompañaba. Había muchas mujeres que se quedaban en casa para criar a los hijos mientras los hombres partían en busca de aventuras y de la consecución de sus metas. Aún las hay. Esos varones heterosexuales de carrera profesional y familia pujantes...; nadie pregunta cómo se las arreglan para tenerlo todo, porque ya lo sabemos: ella es el cómo.

En el primer número de la revista *Ms.*, de 1972, se publicó un artículo emblemático titulado «Why I Want a Wife» (Por qué quiero una esposa), que es una lista vergonzosa de todo cuanto una esposa puede hacer por su marido y sus hijos, una mujer que es una especie de sirvienta autogestionada. Incluso ahora: uno de mis mejores amigos me contó hace poco que le sorprenden las sonrisas y los elogios que recibe al acudir a lugares públicos con su hijo de corta edad, como si cuidar del niño fuera algo así como un mérito especial optativo que quiere obtener. Es como si cuanto hace un padre, aparte de la cuestión económica, fuera un plus; nada de lo que hace una madre es suficiente. Esta es una de las razones por las que una mujer podría desear ser hombre (y por la que la decisión de tener hijos puede implicar algo totalmente distinto para un hombre y para una mujer, a menos que ella tenga algo que sigue siendo excepcional: una pareja tan comprometida como ella en la tarea). Si yo fuera hombre, o si tuviera a una mujer como compañera, tal vez habría tomado decisiones muy diferentes respecto al matrimonio y los hijos.

A menudo se oyen comentarios que dan a entender que un hombre es generoso por soportar la brillantez o el éxito de una mujer, aunque cada vez son más las parejas heterosexuales que superan esta situación al haber aumentado el número de mujeres que son la principal fuente de ingresos de la familia o las que reciben el sueldo más elevado (y Leonard Woolf fue ejemplar al apoyar la obra de su esposa, que eclipsó en gran medida la suya). Las expresiones que en ocasiones se aplican a los hombres que tienen como pareja a una mujer triunfadora —«tomar con filosofía», «no molestar», «llevar bien», «aceptar», «tragar»— recuerdan que el éxito femenino puede verse como una especie de carga, de intromisión o de conducta inadecuada. Si para él es problemático que ella destaque, ¿le resulta más fácil que sea mediocre y eso convierte la mediocridad en una característica que aporta seguridad, o incluso en una aspiración?

Al crecer comprendí que se suponía que debía ser el público en lugar de una participante o el centro de atención. Al igual que la mayoría de las mujeres, incluso una vez superada la edad en la que los desconocidos me pedían que les sonriera, he visto cómo perfectos desconocidos se me acercaban para endilgarme durante largo rato sus teorías y anécdotas sin ofrecer espacio alguno para la reciprocidad en la conversación, si acaso «conversación» es el término adecuado para aludir a ese acto unidireccional. Sabemos que esto es una realidad por estudios que indican que en las escuelas los maestros preguntan más a los niños que a las niñas, y que al crecer ellos hablan más en las reuniones e interrumpen a las mujeres más que a los varones.

En la década de los noventa, la artista Ann Hamilton entregó a sus alumnos una lámina de madera contrachapada de 1,2 por 2,4 metros más bien ligera para que durante una semana la llevaran consigo allá adonde fueran. El ejercicio les permitió ser conscientes de avanzar por el espacio; se sintieron incómodos, siempre con el riesgo de chocar con objetos o con otras personas, y probablemente tuvieron que disculparse infinidad de veces. Para las mujeres el éxito se parece en ocasiones a eso: un objeto incómodo por su gran tamaño que se supone que estorba a otras personas y por el que tal vez haya que pedir perdón de vez en cuando. ¿Cómo sería gozar de un éxito que de ningún modo entrañe un fracaso, que no incomode ni precise disculpas, que no sea necesario minimizar; gozar de un poder que realce el atractivo de la persona en lugar de restárselo? (La mera idea de que la falta de poder resulta atractiva es repulsiva... y real).

Hamilton ha desarrollado una carrera formidable, en parte debido a la escala y la ambición de su obra desde el principio, lo cual resultó excepcional cuando apareció en la escena artística a finales de los ochenta. Recuerdo a las estudiantes de Arte que conocí en aquella época: creaban obras minúsculas, furtivas, con las que expresaban algo acerca de su condición, como la falta de espacio que les parecía que pudieran ocupar con entera libertad. ¿Cómo va a pensar a lo grande alguien que se supone que no debe estorbar, abusar de la hospitalidad, eclipsar ni intimidar? Hace tiempo, cuando le pregunté a Ann por el ejercicio de la lámina de madera, me escribió lo siguiente: «Todavía intento quitarme la costumbre de disculparme por ser yo... Aunque dudo poco en pedir ayuda en los proyectos, al pedirla para mí me sale el "Disculpadme, por favor" de siempre».

Las mujeres mayores que yo tienen historias espantosas que contar, y nosotras no nos hemos librado de esa sombra. Ruth Bader Ginsburg, jueza del Tribunal Supremo, cuenta lo siguiente acerca de su llegada a la facultad de Derecho en la década de los cincuenta: «El decano nos pidió a cada una de nosotras que dijéramos qué hacíamos en la facultad de Derecho ocupando un asiento que podría haber tenido un hombre». Los problemas no solo se dan en la cúspide: fontaneras, electricistas, contratistas de obras y mecánicas me han contado que en sus ámbitos las han tratado de incompetentes, de intrusas o de ambas cosas.

No cuesta encontrar historias de terror actuales sobre mujeres que no pueden decir ni pío en las reuniones, a las que roban las ideas, a quienes no se asciende como se las ascendería si fueran varones, a las que acosan o meten mano, o, en el ámbito de las oficinas, a las que no se las invita a las sesiones de refuerzo de vínculos entre ejecutivos. Las historias de acoso sexual y discriminación en el trabajo son tan habituales en Silicon Valley que parecen reflejar la regla más que la excepción en las empresas tecnológicas, y lo fundamental de muchas de ellas es que estas compañías toleran el acoso más que a quienes lo denuncian.

Todavía nos queda un largo camino por recorrer. Una joven matriculada en una universidad femenina me contó este verano que le entusiasmaba encontrarse en un hábitat intelectual sin muchachos brillantes que dominaran las conversaciones en el aula, como le había ocurrido en el instituto; regresar a la habitación caminando por el campus a las tres de la madrugada sin pensar en los peligros era otro placer. (Las mujeres sí participan en agresiones sexuales, pero en un número insignificante en comparación con los varones). En el mundo cibernético, las mujeres están también en el punto de mira: en un pequeño experimento realizado en Twitter, la escritora Summer Brenner puso en la foto del perfil la de su hermano y convirtió su nombre de pila en iniciales, con lo cual el acoso que había sufrido en la red se redujo casi a cero. A veces las mujeres anhelan ser hombres para librarse de la persecución de estos, y muchas lo han hecho, pues George Eliot, Currer

Bell (pseudónimo de Charlotte Brontë) y George Sand publicaron con nombres ambiguos o que parecían masculinos por las ventajas que reportaba o, mejor dicho, por la falta de inconvenientes. Jane Austen publicó de forma anónima durante toda su vida.

Si yo fuera hombre... No he querido ser otra persona tanto como he deseado, de vez en cuando, que me trataran como a otra persona, o que me dejaran en paz como ocurriría si no fuera yo. Sobre todo he anhelado pasear sola por las ciudades, por las montañas, con toda tranquilidad. Es imposible que una persona vague solitaria como una nube cuando ha de comprobar una y otra vez que nadie la persigue o de prepararse por si alguien le mete mano al pasar. Me han insultado, amenazado, escupido, agredido, manoseado, acosado, perseguido; conozco a mujeres a las que han asediado de manera tan brutal que tuvieron que esconderse, en algunos casos durante años; conozco a otras que han sido secuestradas, violadas, torturadas, apuñaladas, apedreadas, dadas por muertas. Eso afecta, cuando menos, a la sensación de libertad que una tiene.

Siempre que salgo sola, una pequeña parte de mi conciencia está continuamente ocupada por esas cuestiones de supervivencia, aunque he estado en unos cuantos lugares —Islandia, Japón, remotísimas regiones agrestes donde los osos representaban la única amenaza— en los que tuve la impresión de que no debía preocuparme. Numerosos escritores —Wordsworth, Rousseau, Thoreau, Gray Snyder— han concebido buena parte de sus reflexiones y escritos durante las caminatas solitarias; yo también, pero con interrupciones tanto del exterior como del monitor interno que siempre piensa en mi seguridad. Sé que, en este terreno, mi piel blanca inclina la balanza hacia el otro lado; me permite ir a sitios vedados a las personas negras, y la respuesta breve a la pregunta de cómo sería mi vida si hubiera nacido negra sería esta: diferente en casi todos los aspectos imaginables.

Hay muchas historias de personas que se travisten no como una forma de expresión personal, sino con fines prácticos, del mismo modo que hay gente de color que se hace pasar por blanca. Deborah Samson y Anna Maria Lane figuran entre las mujeres que lucharon contra los británicos vestidas de hombre en la guerra de Independencia, y otras muchas hicieron lo mismo en el ejército de la Unión durante la de Secesión. George Sand utilizó un nombre de varón para transitar por el mundo literario de la Francia decimonónica, y más tarde un atuendo masculino para transitar por París. No solo se escondió para evitar el acoso, sino que guardó los zapatos traicioneros y los metros de tela que dificultaban caminar por una ciudad sucia y llena de baches. Cambió esas cosas delicadas por botas fuertes y ropa resistente para deambular con seguridad hiciera el tiempo que hiciera y en cualquier momento del día y de la noche, y lo disfrutó.

Muchas de las prendas que las mujeres llevaban, y todavía llevan, son un estorbo y una prisión. Algunas de las que evacuaron el World Trade Center el 11-S salieron descalzas, hiriéndose los pies, porque los zapatos les impedían correr. ¿Qué supone pasar buena parte de la vida con un calzado con el que una es menos estable y rápida que quienes la rodean? Algunas mujeres visten prendas ceñidas que entorpecen la libertad de movimiento, prendas delicadas, prendas con las que pueden tropezar. Tal vez esa ropa sea divertida y glamurosa, pero como uniforme cotidiano a menudo resulta incapacitante.

El género determina los espacios —sociales, conversacionales y profesionales, así como los literales— que se nos conceden para que los ocupemos. Cuando creé en colaboración un atlas de la ciudad de Nueva York, me di cuenta de que quienes somos se halla inserto incluso en el paisaje, donde numerosos elementos tienen nombre de varón y unos pocos de mujer, desde calles y edificios (Lafayette

Street, Madison Avenue, Lincoln Center, Rockefeller Center) hasta poblaciones (las cercanas Paterson, Levittown y Morristown). El nomenclátor de la ciudad parecía animar a los hombres a imaginar para sí la grandeza como generales, magnates de la industria, presidentes y senadores. Mis colaboradores y yo creamos un mapa en el que rebautizamos las paradas del metro neoyorquino con nombres de grandes mujeres de la urbe. El año pasado, cuando lo comenté con un grupo de estudiantes en la Universidad de Columbia (llamada así en honor de Cristóbal Colón, claro está), una joven de color señaló que había estado encorvada toda su vida; en una ciudad donde los elementos llevaran el nombre de personas como ella tal vez se hubiera erguido. Otra se preguntó si sufriría acoso sexual en avenidas que llevaran nombre de mujer. El mundo es una superficie desigual, con mucho donde tropezar y espacio que reinventar.

Me gusta ser mujer. Me encanta observar a los chiquillos con que me topo en los parques, los colmados y otros sitios, tal vez sonreírles y charlar con ellos. Estoy segura de que nadie me tomará por una depravada o una secuestradora, y sé que me resultaría más complicado si fuera varón. Existen otras ventajas más sutiles en el abanico de expresividad que se me permite en mis relaciones personales, incluida mi amistad íntima y alentadora con otras mujeres, caracterizada por la expresión de las emociones, así como, durante toda la vida adulta, mi amistad con hombres gais, muchos de los cuales han roto las reglas de la masculinidad con osadía, jovialidad y brillantez, y me han ayudado a reírme de las brechas entre quienes somos y quienes se supone que somos. La liberación es un proyecto contagioso, y crecer rodeada de personas que desmontaron y recompusieron el género ayudó a liberar incluso a una heterosexual como yo.

Así pues, no desearía ser hombre. Solo deseo que todos seamos libres.

II

Aperturas

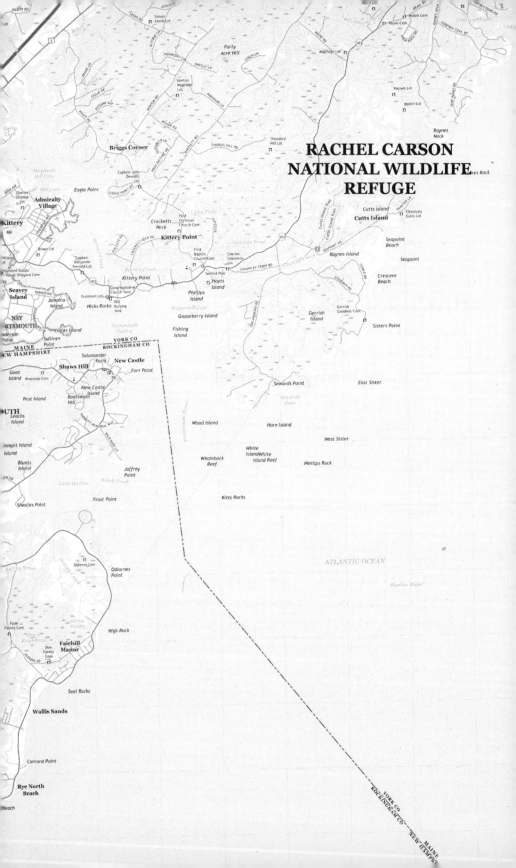

RACHEL CARSON NATIONAL WILDLIFE REFUGE

Pasar más allá*

El verbo *transgress* significa quebrantar una ley o una costumbre, rebasar los límites o las fronteras, dice el diccionario, y añade que la palabra pasó del latín al inglés a través del francés, un vocablo nómada cuyo significado original era «ir más allá» o «llevar más allá». Las fronteras se han cruzado siempre; trazar una no es más que señalar la línea al otro lado de la cual trasladaremos sueños, heridas, significados, fardos de mercancías, ideas, niños. Incluso el umbral de un entrada puede ser un espacio liminar entre lo público y lo privado, entre lo mío y lo nuestro; «liminar» también se refiere a un umbral sensitivo, a menudo en el sentido de fluctuar entre estados más que pasar de uno a otro.

En ocasiones, el límite que se traspasa es espacial, pero a veces un acto traspasa normas, ideas o suposiciones en lugar de fronteras y espacios físicos. A fin de cuentas, tenemos un umbral del dolor y límites éticos. De vez en cuando las suposiciones se convierten en formas de traspasar, al menos la verdad y en ocasiones la complejidad; a veces la gente cruza un paisaje en el que aún no se han trazado las fronteras que conocemos. Suele contarse que el conquistador español Álvar Núñez Cabeza de Vaca fue uno de

---

* Escrito para acompañar una exposición de la obra de la artista Mona Hatoum en la Colección De Menil, de Houston, en 2017-2018.

los primeros hombres blancos que llegaron a Texas cuando, tras una calamidad, sus compañeros y él fueron a parar al golfo de México, cerca de Houston, a bordo de barcazas improvisadas y botes fabricados con cuero de caballo. Sin embargo, los anales de la historia bien podrían haber señalado que aquel año de 1528 llegó a Texas el primer negro, pues Cabeza de Vaca viajaba con un marroquí descrito como «negro» en la crónica española. A ese hombre se le recuerda como Estebanico, si bien no era su nombre original, que se ha olvidado por completo.

Se supone que Estebanico era católico, como todos los españoles de aquella expedición que primero fue a parar a Florida y luego sufrió una desgracia tras otra, aunque es improbable que su conversión fuera voluntaria, y probable que no fuera sincera. Estebanico: un moro, un africano, un musulmán cautivo en la cristiandad, enviado a las Américas, perdido en el continente norteamericano, por donde anduvo casi una década. El momento en que los blancos y el cristianismo llegaron a Texas fue asimismo el momento en que los negros y el islam llegaron a una tierra donde tanto Estebanico como Cabeza de Vaca serían extranjeros y serían esclavizados, donde se adaptarían y se convertirían en curanderos y santones mientras cruzaban lo que todavía no se concebía como Texas, antes de la proclamación de Estados Unidos en ese continente, casi trescientos años antes de que alguien imaginara el río Grande como una separación entre naciones y no como lo que un río normalmente es: un lugar de confluencia de aguas y de convergencia de quienes las beben.

La vida de Estebanico fue una larga sucesión de límites traspasados tanto por él como contra él mientras atravesaba decenas de territorios indígenas en su periplo de dos lustros por Norteamérica. Un par de años antes de que la expedición fuera a parar a Florida, el cartógrafo Nuño García de Toreno dibujó en Sevilla un mapa del mundo tal como Europa lo conocía en aquel entonces: muestra un litoral occidental de América del Norte y del Sur bastante preciso, tachonado de una fina y nutrida sarta de nombres que semejan alfileres o pelillos de animal, pero sin nada del interior, sin la costa del Pacífico para Norteamérica: solo un litoral ondulante que se curva hasta la estrecha cintura de América Central, y luego negrura. El dibujo ilustra que Europa no conocía nada más allá de la costa atlántica. Cuando lo miramos ahora nos recuerda que las circunstancias actuales —la europeización de las Américas, los mapamundis, las suposiciones sobre qué pertenece adónde, los lugares en los que se trazan las líneas para establecer fronteras— surgieron después de ese mapa, que esas cosas son producto de unas condiciones concretas y que estas volverán a modificarse. Las líneas más fieles del mapa son las que separan la tierra y el agua, aunque cabe esperar que con el cambio climático varíen; con el aumento del nivel del mar, los atlas creados desde los tiempos de García de Toreno hasta nuestros días quedarán obsoletos. Las otras líneas son arbitrarias y han cambiado innumerables veces y volverán a cambiar.

La palabra «Texas» es indígena, al igual que otros nombres propios de lugar a lo largo y ancho del continente, desde Denali al Yucatán, pero en sus orígenes no era un topónimo. Era el término con que se designaba a los amigos o aliados y formaba parte de un saludo: «Hola, aliado». El *Handbook of Texas* ofrece las siguientes variantes: «tejas, tayshas, texias, thecas (?), techan, teysas, techas (?)». El vocablo se trastocó al traducirlo, perdió su carácter de amistad y saludo, y se vinculó a un sitio, aunque una porción de él vive en los miembros de la comunidad texana de habla hispana, conocidos desde hace tiempo como «tejanas» y «tejanos», así como en la música tejana. «Auia» fue la denominación indígena documentada por Cabeza de Vaca para lo que en la actualidad se conoce como Galveston, ciudad llamada así en honor de Bernardo Vicente de Gálvez y Madrid.

Cabeza de Vaca y sus compañeros eran la antítesis de los conquistadores, ya que la tierra y las gentes los conquistaron a ellos y los transformaron. Estaban perdidos, apenas si sabían dónde se hallaban, no conocían las plantas ni los animales, los idiomas ni las costumbres; eran todo lo extranjero que cabía ser sin abandonar el planeta. Pasaron al otro lado, los trasladaron, vagaron y se transformaron a medida que se metamorfoseaban en algo distinto de los hombres que habían desembarcado. La crónica de Cabeza de Vaca emplea «tasajos», palabra híbrida del español y la lengua indígena con que se designaban las tiras largas de carne secada al sol para describir lo que uno de los suyos, llamado Esquivel, hizo con otro expedicionario, Sotomayor, que había fallecido y al que transportaron a *terra incognita* como alimento. En otra etapa del arduo viaje saciaron la sed con zumo de tunas, que extraían en un hoyo cavado en el suelo.

El término «metáfora» se parece más a la palabra «traspasar» de lo que cabría suponer: procede del griego, donde designa literalmente un traslado o el hecho de transportar algo; según me han dicho, hoy en día el vocablo está estampado en autobuses y camiones de mudanzas de Grecia. Al escribirlo ahora me vienen a la memoria los refugiados sirios que navegan hacia ese país en frágiles embarcaciones que a veces se hunden, ese intento de pasar de una zona de guerra a una llegada sin bienvenida atravesando el Mediterráneo. La palabra «refugiado» procede, claro está, de «refugio», algo que los refugiados no siempre encuentran. Las metáforas son transgresoras, traspasan límites en el sentido de que convierten cosas disímiles en similares: en la obra de Mona Hatoum, una cuna es una cárcel porque, al igual que esta, tiene barrotes. Los barrotes son tubos de ensayo si están hechos de cristal. Una cuna se transforma en una zona de experimentación cuando es una jaula de tubos de ensayo; sin un bebé dentro, es posible llenarla de productos de la imaginación.

Las metáforas no son formas de definir territorios, sino de traspasar umbrales entre categorías. Son puentes entre categorías y diferencias. Mediante ellas relacionamos lo abstracto y lo concreto, lo pequeño y lo grande, lo vivo y lo inanimado, lo humano y lo no humano. Algunas se encuentran tan engastadas en la lengua que apenas si reparamos en la anatomía corporal que da pies a las montañas, cabezas y bocas a los ríos (curiosamente, en extremos opuestos), cuellos a los jarrones, brazos a las butacas y orejas a los sillones. Pensamos a través de nuestro cuerpo, y eso incluye ver cuerpos en otras partes, convertirlos en los términos de conocimiento de cómo funcionan los objetos y sistemas animados e inanimados, minúsculos e inmensos. Tanto las agujas como los huracanes tienen un ojo. La metáfora es el proceso de relacionar elementos parecidos en cierto modo, hasta cierto punto, y quienes todo lo entienden al pie de la letra se oponen con el argumento de que también hay diferencias, mientras que las personas con mentalidad metafórica comprenden los límites de la similitud.

Según el *Oxford English Dictionary*, la palabra *country* deriva del «anglonormando *contré, countré, cuntré*, del anglonormando y francés antiguo *cuntree*», y una de sus raíces (porque describimos las palabras como si tuvieran las raíces que conocemos por las plantas, lo cual invita a pensar que son estables y están vivas) es «contr», 'opuesto', como en los vocablos «contrario» y «contradictorio». En otro conjunto de metáforas, un cuerpo vivo es un país porque una persona libre y con los mismos derechos que las demás goza de soberanía sobre su cuerpo, porque ambos se conciben como entidades claramente diferenciadas e independientes, aunque mi cuerpo puede separarse del vuestro, en tanto que Estados Unidos no puede separarse de México. Los cuerpos son reales, mientras que en cierto sentido las naciones son ficciones de separación: se han creado dibujando rayas ficticias en los continentes (y en unas pocas islas, en especial la de la República Dominicana y Haití) y luego se ha fingido que forman demarcaciones separadas y con verdadera independencia, como si las aves no cruzaran volando el río Grande allí donde se supone que existe una frontera internacional con la misma facilidad con que lo hacen donde solo es un hilo de agua fangosa que discurre por el centro de Nuevo México; como si nuestros brazos pudieran declarar la independencia de nuestro torso.

Bajo el patriarcado, el cuerpo ideal se ha imaginado como una nación aislacionista, una isla en sí misma, con un control absoluto, lo que convierte en problemático el cuerpo femenino, o cualquiera en el que se reconozcan orificios e intercambios, vulnerabilidad y penetrabilidad. Naturalmente, todos están abiertos y son porosos: cinco minutos sin aspirar el aire que nos rodea y morimos; una semana sin agua y perecemos. Sin embargo, la penetrabilidad y la penetración sexual y las ideas de accesibilidad como posibilidades eróticas y sociales parecen ser motivo de animadversión e inquietud para los hombres que se imaginan a sí mismos como islas, fortalezas o islas fortificadas. Las diversas entradas del cuerpo femenino y lo que cruza esas fronteras han hecho que a las mujeres se las someta sin cesar a medidas destinadas a contenerlas o controlarlas, o, mejor dicho, a contener y controlar la inquietud de una sociedad patriarcal. El patrilinaje —la descendencia por la línea masculina— ha generado una furia por controlar la sexualidad femenina, y durante milenios esa furia ha engendrado atuendos, leyes, costumbres, castigos, arquitecturas y normas para regular el cuerpo de las mujeres con objeto de proteger los poderes y los linajes masculinos.

La raíz de «invadir», del término latino que significa 'entrar', conecta la palabra con «traspasar» y con «metáfora». La violación es un acto de guerra, la invasión de un cuerpo renuente para demostrar que se tiene poder sobre él, someterlo y castigarlo. Hay actos a escala nacional que afectan a los cuerpos, y actos sobre los cuerpos que afectan a las vidas a escala nacional. En las últimas décadas, la violación se ha convertido en un instrumento de guerra aún más corriente y notorio, en Ruanda, en Sudán y hoy en día en Siria, donde la invasión del cuerpo de mujeres y niñas es un motivo por el que las familias abandonan el país: la amenaza de la invasión conduce al drama del exilio. «Territorio ocupado» es una expresión que también se aplica a los cuerpos; los cuerpos se exilian para evitar una ocupación hostil.

En Estados Unidos ha surgido una opresión inversa con la insistencia redoblada de que algunos de sus habitantes son invasores a los que habría que expulsar. La idea de la inmigración ilegal nace del concepto de la nación como un cuerpo cuya pureza es profanada por cuerpos extranjeros, y de sus fronteras como algo que puede y debe sellarse. Existe el sueño de la nación autónoma, incontaminada, una especie de bloque compacto de materia impenetrable, un sueño que se opone a la realidad de la circulación del aire, del agua, de las mercancías, de los animales migratorios y de las historias en las que existían otras fronteras o no había ninguna, en las que la mayoría de nosotros hemos cruzado muchas de ellas para llegar hasta aquí. Es una fantasía de seguridad en la que yo y el otro son diferentes, y el otro puede repelerse con éxito, una fantasía que elude y rechaza las preguntas de quién es «nosotros» y quiénes son «ellos». El aislacionismo funciona en ambas escalas.

Isolate ('aislado'), de *insulatus*, o *insula*, 'isla'. Con el aislamiento se finge que las partes del todo son islas autónomas, y no cabe duda de que a menudo las islas no están en absoluto aisladas: son centros de comercio, lugares de nidificación de aves migratorias, sitios de paso. El aumento de la persecución y del procesamiento de inmigrantes indocumentados ha obligado a muchos a desaparecer de los espacios y servicios públicos. En 2017, la revista *Harper's* informó de que en Houston había descendido un cuarenta y tres por ciento el número de hispanas que denunciaban haber sido violadas. Las víctimas no se atreven a denunciar la invasión sexual sufrida, pues temen que se las castigue como invasoras en una nación donde el noventa y siete por ciento de los violadores procesados se libra de la condena. *Harper's* también informó de que, tras las redadas contra la inmigración efectuadas en Las Cruces, ciudad del sur de Nuevo México, el absentismo en las escuelas de enseñanza primaria había aumentado un ciento cuarenta y ocho por ciento. En otros distritos escolares del país se ha experimentado un abandono similar de los centros de enseñanza y de la vida pública.

Newsweek dio cuenta de que una embarazada de Houston, una refugiada que había llegado hacía tiempo huyendo de la violencia de El Salvador, planeaba dar a luz en casa por miedo a que la detuvieran si acudía a un hospital. La fantasía de fortificar la frontera entre Estados Unidos y México, y de separar a la población nativa de la inmigrante, a la blanca de la que no lo es, forma parte de un programa que incluye, además, la negación de los derechos reproductivos de las mujeres, es decir, de la soberanía sobre nuestro cuerpo. Cabría pensar que las fantasías de unas fronteras inviolables conducirían a lo contrario y ratificarían la jurisdicción de las mujeres sobre su cuerpo, pero, en las batallas sobre los derechos reproductivos, la ideología conservadora salvaguarda las prerrogativas masculinas socavando la libertad femenina. La nación debe ser inviolable y hay que proteger sus fronteras; las mujeres deben ser violadas y hay que traspasar sus fronteras. Texas tiene la tasa de mortalidad materna más elevada del mundo desarrollado, una tasa que entre 2010 y 2014 se duplicó (es cinco veces superior a la de California). Entre las causas figura el cierre de los centros de planificación familiar por todo el estado.

Cell, procedente del vocablo latino que significa «habitación pequeña», designa en inglés tanto una celda, un cuarto que alberga a un monje o a un prisionero, como una célula, la unidad fundamental de la vida, como en «organismo unicelular». Con frecuencia, las metáforas funcionan mediante variaciones de escala. Las palabras son ilustraciones, representaciones que crean analogías y afinidades entre escalas, desde la cosmológica a la microscópica. Nos acostumbramos a las relaciones incorporadas a expresiones como «Vía Láctea» y dejamos de verlas. Volver a convertir las cosas en desconocidas constituye un arte. «Nadie ve una flor de verdad, es demasiado pequeña, no tenemos tiempo, y ver requiere tiempo. [...] Así que me dije: Pintaré lo que veo, lo que la flor es para mí, pero la pintaré grande y quedarán tan sorprendidos que dedicarán tiempo a mirarla», declaró Georgia O'Keeffe una vez.

Buena parte de la obra de Hatoum funciona con variaciones de escala que vuelven extraño lo conocido: las ciudades, el planeta entero, se reducen a la escala de pequeñas representaciones cartográficas bidimensionales, a mapas; los objetos domésticos —un rallador, un cortador de huevos duros— devienen amenazadores cuando se agrandan hasta adquirir el tamaño de un mueble; los muebles se convierten en algo desconocido, los asientos de los columpios llevan estampados mapas de ciudades, las camas se transforman en objetos de malestar o incluso de tortura; el pelo se convierte en un felpudo etéreo, en una serie de esferas, separado del cuerpo en el que creció. La escala es una forma de orientación: al cambiarla se genera una desorientación que reaviva la vista y la mente. Cuando vemos esas obras, nuestro cuerpo cobra conciencia de sí mismo; son obras de arte visual, que se captan con los ojos, pero que sugieren posibilidades y dislocaciones corporales una vez que nos acercamos a ellas: canicas en el suelo que pueden provocar caídas, el rallador de una cama que podría raernos la piel, jaulas, columpios. Podríamos hacer cosas con esas obras de arte; ellas podrían hacernos algo: ponen el cuerpo en tela de juicio y a veces en peligro.

Alienate («alienar, enajenar»): «Traspasar o ceder la titularidad de (derechos de propiedad); transferir a otro propietario. [...] hacer que (una persona) se sienta desapegada, hostil o poco comprensiva». *Alien*: «Del latín *ali nus* (adjetivo), ajeno o perteneciente a otros, anormal, inusitado, inconexo, separado, de otro país, extranjero, sin relación con, de una variedad o especie distintas, desconocido, extraño, hostil, desapegado, desfavorable, inapropiado, incompatible, desagradable, repugnante». Las líneas titubeantes de las costas en los mapas y las del pelo, tanto sobre los cuerpos como separadas de ellos, están reñidas con las metódicas cuadrículas: los barrotes y las cuadrículas separan y contienen algunas cosas; otras se fusionan, serpentean y migran.

Todo en esta obra se ha separado, desplazado, arrancado de raíz de los hábitats de la escala y del contexto para obligarnos a detenernos a mirar. Tal vez, como señaló O'Keeffe, el desplazamiento y la atención estén relacionados; tal vez prestar atención sea ante todo el empeño por sobrevivir y adaptarse cuando lo desconocido se presenta y nos induce a salir con un sobresalto de nuestros hábitats para que crucemos una frontera hacia lo inesperado. Los problemas sutiles —no son del todo amenazas, pero sí algo más que dificultades corrientes— nos alertan de nuestra condición, nuestra corporeidad, nuestra geografía; nos alertan de nuestras fronteras y límites, de lo que los cruza y de cómo el significado siempre migra.

Attention («atención»), del francés *attendre*, «esperar». «Esperar está prohibido», reza en árabe e inglés una placa de metal esmaltado en la exposición de la obra de Hatoum. La atención espera, pero el significado migra; deambular y permanecer son los indicadores con los que se hace y deshace nuestra vida.

ANGELINA COUNTY, TEXAS

Ciudad de las Mujeres*

«Es un mundo de hombres» decía una canción de James Brown grabada en 1966 en un estudio de Nueva York y, nos guste o no, tenemos argumentos para darle la razón. Mientras caminan por las calles de las ciudades, las jóvenes sufren diversas formas de acoso que les indican que ese no es su mundo, su ciudad, su calle; que, con toda probabilidad, su libertad de asociación y movimiento se verá socavada en cualquier instante, y que numerosos desconocidos esperan de ellas obediencia y atención. «Sonríe», nos ordena un hombre, una manera concisa de afirmar que le pertenecemos, que él es el jefe y nosotras hacemos lo que nos manda; que nuestra cara está al servicio de su vida, y no para expresar la nuestra. Que él es alguien; que nosotras no somos nadie.

De una manera más sutil, los nombres perpetúan la distinción de géneros en Nueva York. En casi todas las ciudades abundan los nombres de varón, que señalan quiénes ejercieron el poder, quiénes hicieron historia, quiénes poseyeron fortunas, a quiénes se recordaba. Las mujeres son personas anónimas que al casarse cambiaron el apellido paterno por el del marido, que vivían solo en el ámbito privado y que cayeron relativamente en el olvido,

---

* «Ciudad de las Mujeres» es uno de los veintiséis mapas del atlas *Nonstop Metropolis* y está disponible como póster en Haymarket Books.

con unas cuantas excepciones. Este nomenclátor se extiende por el continente: los picos de muchas montañas del oeste tienen nombres que hacen que las cordilleras parezcan consejos de administración de empresas del pasado, y es poco lo que lleva el nombre de mujeres históricas concretas, aunque Maryland se llama así por una reina María que nunca pisó ese estado.

Del mismo modo que San Francisco recibió el nombre de un santo italiano, y Nueva Orleans el del hermano de un rey francés, el duque de Orleans, Nueva York, estado y ciudad, se llamó así por el hijo del rey Carlos I, el duque de York (más tarde rey Jacobo II), cuando los británicos sustituyeron a los holandeses en la región. En esa ciudad y ese estado bautizados así en honor de un hombre podemos tomar el metro 6 en el extremo septentrional de la línea, Pelham Bay, llamado así por un tal señor Pell, en un barrio que lleva el apellido de un sueco, Jonas Bronck, y viajar hacia Manhattan, que es singular en la urbe porque conserva el topónimo indígena (se dice que los lenapes de la zona dieron al Bronx el nombre de Rananchqua y que otros grupos aborígenes lo llamaron Keskeskeck).* Una vez en Manhattan, el metro de la línea 6 desciende por Lexington Avenue, paralela a Madison Avenue, que, claro está, lleva el apellido del presidente James Madison.

Cuando el tren avanza con estruendo hacia el sur por debajo de la parte este de Manhattan, podemos apearnos en Hunter College, que, aunque en su origen fue una universidad femenina, recibió ese nombre por Thomas Hunter, o bien continuar hasta

---

* El río Hutchinson, en el norte del Bronx, y la Hutchinson River Parkway son singulares porque se llamaron así en honor de una mujer, la puritana rebelde Anne Hutchinson, una colona inoportuna asesinada en aquella zona por el pueblo indígena siwanoy en 1643.

Astor Place, que lleva el apellido del plutócrata John Jacob Astor y se encuentra cerca de Washington Square, que, naturalmente, recibió el nombre del presidente. O podemos seguir adelante, hasta Bleecker Street, bautizada así en honor de Anthony Bleecker, que poseía unas tierras de cultivo en la zona, y salir a Lafayette Street, que luce el nombre del marqués de Lafayette. En el trayecto habremos dejado atrás las latitudes del Lincoln Center, Columbus Circle, Rockefeller Center, Bryant Park, Penn Station, todos ellos situados en el lado oeste.

Multitudes de hombres difuntos con una identidad viva habitan la ciudad de Nueva York y casi todas las urbes del mundo occidental. Vemos sus nombres en calles, edificios, parques, plazas, universidades, empresas y bancos, y ellos son las figuras de los monumentos. Por ejemplo, en la calle 59 con Grand Army Plaza, al lado de la fuente Pulitzer (en honor de Joseph Pulitzer, magnate de la prensa), se alzan un par de figuras doradas: el general William Tecumseh Sherman a caballo, conducido por una mujer que parece ser Victoria y también un ser anónimo, un nadie en particular. Ella es la victoria de otra persona.

La estatua de mayor tamaño de la ciudad representa a una mujer que da la bienvenida a todos y no es nadie: la estatua de la Libertad, con el poema de Emma Lazarus a sus pies, ese poema donde pocos recuerdan que la llama «madre de los exiliados». Las mujeres no escasean en las estatuas, pero son alegorías y doñanadies, madres, musas y accesorios, no presidentes. Hay mejores monumentos conmemorativos temporales, en particular Chalk (Tiza), el proyecto artístico popular que recuerda el aniversario del incendio en 1911 de la fábrica Triangle Shirtwaist, en el cual perecieron ciento cuarenta y seis jóvenes costureras, inmigrantes en su mayoría. Desde 2004, todos los 25 de marzo Ruth Sergel coordina a un grupo de voluntarios que se dispersan por la ciudad para escribir en tiza el nombre de las víctimas en los lugares donde vivieron. Sin embargo, esas conmemoraciones son tan endebles y fugaces como la propia tiza, no perduran como los nombres de calles, las estatuas de bronce, el puente Henry Hudson o la mansión Frick.

En un artículo reciente, Allison Meier señala que en Nueva York solo hay cinco estatuas de mujeres de nombre conocido: las de Juana de Arco, Golda Meir, Gertrude Stein, Eleanor Roosevelt y Harriet Tubman. Las cuatro últimas se han erigido en los últimos treinta y dos años (desde que escribí esto se han puesto en marcha planes para añadir más, entre ellas las de Billie Holiday y Shirley Chisholm). Hasta 1984 había solo una, la de la medieval Juana de Riverside Park, instalada en 1915. Antes de esa fecha, las estatuas de Nueva York solo conmemoraban a varones. Se han bautizado en honor de mujeres unas cuantas vías públicas relativamente recientes: Cabrini Boulevard, en recuerdo de Francisca Javiera Cabrini, la monja italoestadounidense canonizada; Szold Place, por la editora y activista Henrietta Szold; Margaret Corbin Drive, por la heroína de la guerra de Independencia; Bethune Street, en memoria de Joanna Bethune, fundadora del orfanato, y Margaret Sanger Square, en honor de la santa patrona del control de la natalidad. Aparte de Hutchinson River Parkway, en el nordeste del Bronx, ninguna avenida larga como Nostrand Avenue de Brooklyn y Frederick Douglass Boulevard de Manhattan lleva el nombre de una mujer, aunque se supone que Fulton Street, que recibió el apellido de Robert Fulton, el inventor del barco de vapor, se llama también Harriet Ross Tubman Avenue en una gran parte de su longitud, pero, por lo visto, el nombre no se usa de manera habitual y Google Maps no lo reconoce. No hay ninguna mujer que sea un puente o un edificio destacado, si bien habrá quien recuerde que Gertrude Vanderbilt Whitney fundó el museo que lleva su nombre. Como la mayoría de las ciudades, Nueva York es un paisaje hecho por hombres.

Cuando veo películas de acción con protagonistas femeninas, desde *Tigre y dragón* a *Los juegos del hambre,* salgo sintiéndome rebosante de energía, sobrehumana e indomable. Es como un chute de fuerza y seguridad en una misma. Últimamente me he preguntado qué supondría, en vez de ver más o menos una docena de películas de ese tipo a lo largo de mi vida, tener en cualquier momento la opción de ver varios estrenos que ensalzaran los superpoderes de mi género, que las señoras Bond y las Mujeres Arañas se convirtieran en el material corriente de mi entretenimiento y mi imaginación, o que siempre lo hubieran sido. Ahora mismo se proyectan en los cines decenas de películas de acción con protagonistas masculinos, y la televisión siempre ha proporcionado a los hombres una superabundancia de campeones, desde vaqueros a detectives, más o menos como ellos al menos en lo referente al género (aunque no necesariamente a la raza, el biotipo y los gustos). Me resulta imposible imaginar qué idea me habría formado de mí misma y de mis posibilidades si en los años de formación me hubiera desplazado por una ciudad donde la mayor parte de los elementos llevaran el nombre de una mujer y casi todos los monumentos, o muchos de ellos, fueran de mujeres respetadas, triunfadoras y poderosas. No cabe duda de que esas obras solo conmemoran a las personas a quienes se les permitió ejercer el poder y llevar una vida pública; por su nomenclátor, casi todas las ciudades norteamericanas son en su mayoría blancas y masculinas. No obstante, podemos imaginárnoslo.

En el mapa «Ciudad de las Mujeres» probamos cómo sería vivir con semejante poder rindiendo homenaje a grandes mujeres sobresalientes de Nueva York en los lugares donde vivieron, trabajaron, compitieron, cursaron estudios, bailaron, pintaron, escribieron, se rebelaron, realizaron su labor de activistas, filosofaron, dieron clases y adquirieron renombre. Nueva York tiene desde el principio un excelente historial de mujeres carismáticas, como por ejemplo Hannah Feake Bowne, predicadora cuáquera del siglo XVII a quien sistemáticamente se borra de la historia; incluso la casa del barrio de Flushing donde celebraba las asambleas suele conocerse como casa de John Bowne. Tres de las cuatro juezas del Tribunal Supremo proceden de la ciudad, y buena parte de la historia del feminismo estadounidense se ha desarrollado en ella, desde Victoria Woodhull y Shirley Chisholm a las Guerrilla Girls. No aparecen señaladas todas las estaciones de metro, y numerosas mujeres que realizaron aportaciones valiosas tal vez cayeran en el olvido o nunca se las mencionara. A muchas jamás se les permitió ser alguien, y un buen número de héroes de cualquier género llevan vidas discretas. Sin embargo, algunas se levantaron; algunas se volvieron visibles, y aquí están, a centenares. Este mapa es su monumento y su homenaje.

Un héroe es una catástrofe

Estereotipos frente a la unión hace la fuerza

Si buscamos una encarnación del concepto «en solitario», podemos acudir a la heroína de una película reciente: *La mujer de la montaña*. Trata de una ecologista islandesa muy diestra con el arco y la flecha, que sabotea el tendido eléctrico de una zona rural y se esconde en lugares pintorescos para que no la encuentren los helicópteros que quieren darle caza. Sin embargo, el acto de sabotaje ecologista más famoso y eficaz de la historia de la isla no se llevó a cabo en solitario.

El 25 de agosto de 1970, en un valle agrícola del norte de Islandia bañado por el río Laxá, unos vecinos de la zona volaron una presa para impedir que se anegaran las tierras de cultivo. Después de que se dinamitara la presa, más de un centenar de campesinos se atribuyeron la idea (o la autoría). No hubo detenciones, y tampoco presa, pero sí consecuencias muy positivas, como por ejemplo la protección de la zona y una renovada concienciación ecológica en Islandia, junto con nuevas normas medioambientales. Es casi la única historia de sabotaje ecologista que conozco que ha tenido un impacto significativo, lo que tal vez ocurrió porque expresó la voluntad de muchos, no de unos pocos.

No nos distinguimos demasiado por contar historias sobre cien personas que actúan ni por pensar que las cualidades decisivas para salvar un valle o cambiar el mundo no son en general el arrojo físico y la violencia atlética, sino por la capacidad de animar a otras muchas personas y conectar y coordinarse con ellas para crear historias sobre lo que es posible y cómo conseguirlo. En 1970, los agricultores provocaron una bonita explosión —y las películas gustan de las explosiones casi tanto como de las persecuciones en coche—, pero esta se produjo tras lo que debieron de ser infinidad de reuniones, y el cine no ha mostrado mucho aprecio por las asambleas comunitarias de planificación.

Halla, la protagonista de mediana edad de *La mujer de la montaña*, dirige, además, un coro, y la destreza para lograr que un grupo cante en armonía tiene más que ver con cómo se ganan las batallas medioambientales que los esfuerzos en solitario del personaje. La película —que una y otra vez se demora sin ironía en las fotografías de negociaciones y reuniones de dos campeones de la entereza, Mohandas Gandhi y Nelson Mandela, que hay en el piso de Reikiavik de la protagonista— parece ignorarlo, pero también da la impresión de que no muestra verdadero interés por cómo se hace eso de salvar ríos, islas o el planeta.

En general, el cambio social positivo es más bien el resultado de conectar de forma profunda con quienes nos rodean que de situarse por encima de ellos; de la coordinación más que de la acción en solitario. Entre las virtudes importantes para ese cambio se cuentan las consideradas tradicionalmente más femeninas que masculinas, más propias del empollón que del deportista: la escucha, el respeto, la paciencia, la negociación, la planificación estratégica y el saber narrar. No obstante, nos gustan nuestros héroes solitarios y excepcionales, el dramatismo de la violencia y la eficacia del músculo, o al menos eso recibimos una y otra vez, por lo que no nos formamos una idea de cómo se produce en realidad el cambio, de qué papel desempeñaríamos en él ni de la importancia de la gente corriente. «Desdichada la tierra que necesita héroes» es una frase de Bertolt Brecht a la que he recurrido decenas de veces, pero ahora me siento más inclinada a pensar: lástima de la tierra que cree que necesita un héroe, o que ignora que tiene muchos y cómo son.

La mujer de la montaña deriva hacia otra trama porque, a fin de cuentas, se centra en una mujer y, tradicionalmente, las mujeres que hacen algo no personal deben tener sentimientos encontrados. Como a la mayoría de las películas, le interesan más los asuntos personales, o da a entender que nos dedicamos a otros asuntos por motivos personales, de modo que más o menos se desdibuja la pregunta de qué demonios hacemos respecto a la destrucción del planeta. Ocurre algo parecido en *Los juegos del hambre*, cuya autora supo imaginar un violento derrocamiento del orden antiguo —y a la arquera Katniss Everdeen se le da de maravilla la violencia—, pero no la creación de uno que fuera diferente ni ninguna acción política con un grupo más numeroso que no fuera corrupto o que valiera la pena. Así, en el soso final de *Los juegos del hambre*, Everdeen se marcha y tiene hijos con su pareja para formar en las ruinas nucleares una familia nuclear al estilo de una *La casa de la pradera* de un individualismo acérrimo, o a la manera del volteriano «debemos cultivar nuestro jardín», si eso era lo que Voltaire quería decir al final de *Cándido*. La arquera protagonista de *La mujer de la montaña* se diluye asimismo en la vida doméstica para ayudar a una persona en vez de a un planeta.

A mí también me interesa lo no personal o, mejor dicho, estoy convencida de que los asuntos públicos y colectivos, que en teoría no son personales, alimentan los corazones y las almas y tienen que ver con el amor y con nuestras necesidades más profundas, porque lo profundo es igualmente extenso. Necesitamos esperanza, determinación y pertenecer a una comunidad más allá de la familia nuclear. Esa conexión nos permite realizarnos como personas y conseguir que se haga lo que es preciso hacer. Los relatos del héroe solitario sitúan a una sola persona en el primer plano de la atención pública, pero empujan a las demás hacia la vida privada, o al menos hacia la vida pasiva.

La escritora y jurista Dahlia Lithwick me contó que, cuando se preparaba para escribir acerca de las abogadas que en el último par de años han luchado contra la Administración Trump y la han derrotado una y otra vez en casos de derechos civiles, varias personas la aconsejaron que cambiara de tema y escribiera sobre Ruth Bader Ginsburg. Ya hay libros y películas (además de camisetas y tazas de café a porrillo) dedicados a Ginsburg, y esas peticiones pretendían que limitara el foco de atención a una sola superestrella muy conocida, cuando lo que Dahlia intenta en su próximo libro es ampliarlo para abarcar constelaciones poco conocidas de abogadas.

Es decir, el problema del héroe solitario existe en las obras de no ficción, en las noticias e incluso en la historia (donde se describió en la «teoría de la historia del gran hombre») tanto como en los libros de ficción y en las películas. (También hay una «teoría de la historia del hombre terrible», que, si se centra en Trump, por ejemplo, justifica o pasa por alto el largo historial de destrucción y engaño de la derecha y la gran cantidad de jugadores cómplices en el presente). Centrarse en Ginsburg implica dar a entender que solo importa una persona singularmente excepcional situada en la cumbre del poder. Volver la vista hacia las otras abogadas es indicar que el poder está disperso y que las decisiones tomadas en diversos juzgados del país importan, al igual que las letradas que ganan los casos y quienes las apoyan.

La idea de que nuestro destino nos es dado desde arriba está incrustada en muchos relatos. Incluso las resoluciones del Tribunal Supremo sobre el aborto y el matrimonio entre personas del mismo sexo suelen reflejar cambios en los valores del conjunto de la sociedad, así como en las elecciones que determinan quiénes forman parte de él. Esos cambios generales los impulsa la mayoría gracias a actos que a menudo pasan inadvertidos. Aunque alguien solo valore la vida personal, debe reconocer las batallas públicas que influyen en quién puede casarse, tener un salario digno, asistencia sanitaria, educación, vivienda, agua potable, y cómo el derecho al voto o su ausencia determinan esas decisiones. Por otro lado, para cualquiera de las ochenta y dos personas que perecieron en el incendio de la localidad de Paradise en 2018, o de los trabajadores agrícolas de Nebraska cuyos campos quedaron anegados en las inundaciones sin precedentes de principios de 2019, las consecuencias de las políticas públicas fueron muy personales.

Nos gustan los héroes, las estrellas y sus contrarios, aunque no estoy segura de a quién me refiero con ese «nos», salvo quizá a las personas encargadas de demasiados de nuestros relatos, que con frecuencia pertenecen a élites y creen fervientemente en ellas, razón por la cual muchas veces se supone que los héroes y las estrellas forman parte de esa selecta minoría. Siempre que pienso en los héroes me viene a la cabeza una mordaz canción de Liz Phair:

He's just a hero in a long line of heroes
Looking for something attractive to save
They say he rode in on the back of a pick-up
And he won't leave town till you remember his name.

Es solo un héroe en un largo linaje de héroes,
en busca de algo atractivo que salvar.
Dicen que llegó en la parte de atrás de una *pick-up*
y que no se irá de la ciudad hasta que recordéis su nombre.

Es una revisión cáustica del héroe como alguien que llama
la atención, se presenta en fiestas sin que lo inviten, busca la
fama y, al menos implícitamente, crea problemas bajo la apa-
riencia de resolverlos. Y quizá como sociedad estemos cansán-
donos de los héroes, y sin duda muchos empezamos a hartar-
nos de los hombres blancos arrogantes. La misma idea de que
la solución será singular y espectacular y estará en manos de una
sola persona niega el hecho de que, muchas veces, las soluciones
a los problemas son complejas y poliédricas y que se llega a ellas
mediante la negociación. La solución al cambio climático consiste en plantar árboles, pero también en abandonar (sin demora) los combustibles fósiles, pero también en introducir la efi-
ciencia energética y cambios significativos en los diseños, pero
también en varias medidas más relacionadas con la tierra, la
agricultura, el transporte y el funcionamiento de los sistemas.
No existe una sola solución al cambio climático, sino numerosas
piezas que constituyen una solución, o más bien una modulación
del problema.

Phair no es la primera mujer que se muestra cáustica respecto
a los héroes. Ursula K. Le Guin escribe:

> Cuando proyectaba el libro que acabó siendo *Tres guineas,* Virginia
> Woolf escribió un epígrafe en su cuaderno: «Glosario»; se le había
> ocurrido reinventar el inglés según un plan nuevo a fin de contar
> un relato distinto. Una de las entradas del glosario es «heroísmo»,
> definido como 'botulismo'. Y en el diccionario de Woolf «héroe»

es «botella». El héroe como botella, una revaluación contundente. Yo ahora propongo la botella como héroe.

El fragmento procede del famoso artículo de 1986 «The Carrier Bag Theory of Fiction», en el que Le Guin señala que, aunque los primeros seres humanos recolectaban la mayor parte de sus alimentos y la recolección solía corresponder a las mujeres, fue la caza la que dio pie a los relatos espectaculares. Y argumenta que, pese a que con frecuencia se cree que las primeras herramientas homínidas/humanas fueron armas, puntiagudas y afiladas para ser mortíferas, los recipientes —de ahí el chiste de la botella— tal vez fueran anteriores y tanto o más importantes (las connotaciones sobre el género/los genitales son intencionadas). La caza, señala Le Guin, rebosa de un dramatismo singular: «Con mi lanza mato a ese oso». En cambio, un grupo de mujeres que cosechan cereales carece de un acto u objetivo singular y de dramatismo. «He dicho que resultaba difícil crear un cuento apasionante de cómo arrancamos de sus cascarillas los granos de avena silvestre, no que sea imposible», dice Le Guin hacia el final del artículo. Hace poco leí que, en el pueblo ibán de Borneo, los hombres mejoran su estatus cortando cabezas, y las mujeres, tejiendo. La caza de cabezas resulta más espectacular, pero tejer es un modelo de cómo integrar los materiales de la narración y sus partes en una nueva unidad; es una técnica que crea recipientes y representa la complejidad.

Hablando de mujeres, ha salido un medicamento contra la depresión posparto (DPP) sobre el que los expertos han señalado que

tanto las madres como los partidarios deberían plantearse si el fármaco es una tirita sobre la gran herida del tratamiento de las madres en Estados Unidos. ¿De qué modo afectaría a las tasas de la DPP el que se adoptaran políticas de apoyo a los progenitores, por ejemplo ayudas para el cuidado de los hijos pequeños, el permiso parental retribuido y normas de asistencia sanitaria centrada en las decisiones de las madres en el parto y el puerperio? Al clasificar la complejidad de la adaptación de una mujer que acaba de ser madre como una enfermedad mental se pasan por alto los factores culturales que llevan a las madres y los padres recientes a sentirse faltos de apoyo.

Es decir, quizá necesitemos un tropel de actos de amabilidad y relaciones personales en vez de un *deus ex machina* farmacológico para aplacar el dolor que provoca su ausencia. (Por supuesto que existen medicamentos útiles en las enfermedades mentales, pero a menudo se utilizan como alternativas a la resolución de las condiciones que originaron el sufrimiento mental, entre ellas los conceptos sociales asentados y las circunstancias personales).

Esa es otra parte de nuestro individualismo acérrimo y de la cultura del héroe: la idea de que todos los problemas son personales y se solucionan mediante la responsabilidad individual. Es un marco mental que excluye la posibilidad de realizar un cambio más profundo y general o de pedir responsabilidades a los poderosos que crean el *statu quo* —con su infinidad de formas de causar daño— y se benefician de él. El relato de la responsabilidad y el cambio individuales preserva la inmovilidad, ya sea adaptándose a la desigualdad, a la pobreza o a la contaminación.

Los héroes no resolverán nuestros problemas más graves. Su solución llegará, si llega, gracias a movimientos, coaliciones y la sociedad civil. Por ejemplo, el movimiento por el clima ha sido ante todo un esfuerzo colectivo, y si destacan personalidades como Bill McKibben..., bueno, McKibben destaca como cofundador de un grupo de acción global por el clima cuya red se extiende por ciento ochenta y ocho países y como el hombre que sigue pronunciando versiones de «Lo más importante que podéis hacer por el clima a título individual es dejar de actuar a título individual». Ha hablado muchas veces de un libro que le influyó a una edad temprana, *The Pushcart War*, un cuento infantil de 1964 sobre cómo se organizaron los vendedores de carretillas para protegerse en su guerra territorial contra los camioneros en las calles de Nueva York. Y cómo (destripo el final) ganaron.

Reflexionaba sobre todo eso cuando pensaba en la sueca Greta Thunberg, una joven verdaderamente notable que ha catalizado la acción por el clima en el mundo entero. Sin embargo, es posible que al centrarse la atención en su persona se oculte que infinidad de jóvenes notables se alzaron antes que ella para hablar con vehemencia sobre el cambio climático. Las palabras de Greta Thunberg han sido importantes porque los demás reaccionamos, y en parte reaccionamos porque los medios de comunicación la han aupado como no auparon a quienes la precedieron, y la han aupado porque, por algún motivo, el cambio climático se toma más en serio, porque la lucha por el clima ha adquirido impulso, probablemente debido a las acciones de decenas de miles o millones a quienes no se atribuirá el mérito de este cambio. Thunberg empezó sola, pero en público, no en secreto, lo que posibilitó que sus acciones se vieran multiplicadas por muchas otras personas. Me pregunto si habrá alguna palabra que aluda a una persona y a sus seguidores como una unidad, y no como dos.

Thunberg ha sido candidata al Premio Nobel de la Paz, que en ocasiones se concede a grupos y equipos, aunque los galardones tienden a distinguir a individuos. Hay quienes aprovechan el discurso de aceptación para tratar de invertir el mito del héroe y dar las gracias a las personas que estuvieron a su lado, o bien para presentarse como miembros de una tribu, una coalición o un movimiento. Al aceptar el National Book Critics Circle Award de poesía en marzo de 2019, Ada Limón dijo: «Escribimos con todos los fantasmas buenos en nuestro rincón. Yo, por ejemplo, jamás he hecho nada sola, jamás he escrito ni un poema sola», y a continuación enumeró a multitud de personas que la ayudaron, que fueron importantes o que no llegaron a escribir poesía.

Un general no es gran cosa sin un ejército, y el cambio social ni siquiera se inspira en los generales y los ejércitos, ya que las figuras destacadas consiguen que los demás actúen por voluntad propia, no a órdenes de nadie. Haríamos bien en llamarlas «catalizadoras» en lugar de «líderes». Martin Luther King no era el movimiento por los derechos civiles, ni César Chávez el movimiento por los derechos de los campesinos, y confundirlos con esos movimientos implica negar a las masas el reconocimiento que merecen. Más importante aún: nos niega el conocimiento estratégico cuando más lo necesitamos. Un conocimiento que empieza con nuestro poder y termina con cómo opera el cambio.

Tras el esperadísimo informe de Robert Mueller, muchos nos recordaron que contar con que él fuera el san Jorge que matara a nuestro infame dragón era un modo de dejar a un lado nuestras obligaciones y facultades. Dahlia Lithwick lo expresó mejor un mes después de que se diera carpetazo a la investigación: «La actitud dominante parece ser la de que, mientras haya alguien ahí fuera capaz de hacer algo, los demás podemos desistir. Y en general se considera que la persona que está haciendo algo es Robert Mueller». Los líderes generan seguidores, y los seguidores son personas que han renunciado a su capacidad de pensar y actuar. Desventurada la tierra cuyos ciudadanos cargan el muerto a un héroe. Un argumento a favor de tener una mujer en la presidencia es que probablemente nadie la considerará una salvadora que lo haga todo sola.

El relato típico de las películas de acción exige una persona excepcional en primer plano, lo cual exige a su vez que el resto de los personajes se sitúen en una gama que va del inútil y el ignorante al malvado, más unos cuantos personajes auxiliares moderadamente colaboradores. No hay demasiados filmes sobre acciones colectivas magníficas, algo en lo que reparé cuando escribí acerca de lo que sucede en las catástrofes inesperadas: incendios, inundaciones, olas de calor, tormentas anormales..., el tipo de calamidades que veremos cada vez con mayor frecuencia a medida que se instale la era del cambio climático. Las películas clásicas de catástrofes empiezan con una alteración repentina del orden —el rascacielos se convierte en un coloso en llamas, el meteorito se dirige hacia la Tierra, la tierra tiembla—, y luego todo va resolviéndose con una trama del tipo papá sabe más que nadie y aquí llega el héroe, con el rescate de mujeres indefensas y el sometimiento de hombres crueles. La autoridad patriarcal se muestra como la solución a los desastres o como una especie de droga que nos hace sentir a salvo pese a la adversidad.

Una de las delicias de la canción de Liz Phair es que nos permite reconocer el heroísmo como una catástrofe. En la investigación que llevé a cabo para mi libro de 2009 *Un paraíso en el infierno* descubrí que a menudo las autoridades institucionales actúan mal en las catástrofes, en parte porque dan por sentado que los demás nos comportaremos mal en el vacío de poder que acompaña a las calamidades; por tanto, con frecuencia convierten la ayuda humanitaria en un control agresivo y en la protección de la propiedad y del *statu quo*, y no de las víctimas. En cambio, por lo general, la gente corriente se porta de maravilla: cuidan los unos de los otros, improvisan rescates y crean las condiciones necesarias para la supervivencia, establecen relaciones entre sí como no lo hacen en la vida cotidiana, y de vez en cuando encuentran en ellas algo tan valioso y positivo que sus relatos acerca de quiénes son, a quiénes han conocido y qué han hecho resplandecen de alegría.

Es decir, en las catástrofes encontré un atisbo de lo que muchas personas queremos con toda el alma y no conseguimos, una necesidad que apenas mencionamos o reconocemos. Pocas películas imaginan el sentimiento profundo que yo concibo como «amor público», la idea de sentido, determinación, fuerza, pertenencia a una comunidad, una sociedad, una ciudad, un movimiento. Hablando con supervivientes del 11-S y del huracán Katrina, leyendo relatos de catástrofes anteriores y de bombardeos, he observado que ese sentimiento aflora entre los escombros y me he dado cuenta de que la gente lo anhela con fervor.

«Sin duda lo lacerante de nuestras desgracias habituales deriva de su carácter de soledad», escribió William James a propósito del terremoto de San Francisco de 1906. Es decir, si pierdo la casa, quedo excluida del grupo de personas que siguen viviendo con comodidades, pero, si todos perdemos nuestro hogar en el terremoto, estamos juntos en la desdicha. He aquí una de mis frases favoritas de un superviviente de 1906: «Cuando las explosiones de dinamita retumbaban en la noche y nos tenían a todos despiertos y en vilo, las chicas o algún refugiado se ponían a tocar el piano y Billy Delaney y los otros empezaban a cantar, de modo que el lugar se volvía casi acogedor y propicio a las relaciones sociales teniendo en cuenta que estaba en la acera, delante del instituto de enseñanza secundaria, y que la ciudad entera se hallaba en llamas».

Ignoro qué cantaban Billy Delaney o las chicas, y qué historias se contaban las recolectoras sobre las que escribe Le Guin, pero tengo una metáfora, que es en sí una especie de bolsa («metáfora» significa literalmente «trasladar algo», y trasladar es la misión fundamental del lenguaje, ya que el lenguaje son las grandes redes que tejemos para contener el significado). El artista australiano Jonathan Jones, indígena wiradjuri-kamilaroi, creó una instalación —un fabuloso número ocho, lazo, símbolo del infinito formado por objetos con plumas sobre una pared curva, en la Trienal Asia-Pacífico de Arte Contemporáneo de Brisbane— que remedaba una de esas espléndidas bandadas de estorninos (*murmurations* en inglés, que también significa «murmullos») que dan la impresión de hincharse, contraerse y cambiar cada vez que la multitud de aves asciende, se inclina y gira en conjunto, sin chocar unas con otras ni separarse.

De lejos, los objetos de Jones parecían pájaros; de cerca eran herramientas tradicionales de palos y piedras con plumas sujetas, herramientas de fabricación que alzaban el vuelo. Las plumas se las habían entregado centenares de personas que respondieron al llamamiento que había hecho: una bandada de recolectoras. «Me interesa la idea del pensamiento colectivo —comentó a una periodista—. De qué manera la configuración de formas y dibujos hermosos en el cielo puede ayudarnos a empezar a entender cómo existimos en este país, cómo actuamos juntos, cómo podemos denominarnos "australianos". Que todos tenemos nuestras modestas ideas que de algún modo pueden unirse para crear algo más importante».

¿Qué son bandadas humanas?, me pregunté. Hablando de coros, en *Horton escucha a Quién* son los minúsculos quiénes de Villa Quién, los cuales descubren que, si cada uno de ellos alza la voz, se harán oír con la fuerza suficiente para salvar su hogar. Son el millón y medio de jóvenes de todo el planeta que el 15 de marzo de 2019 se manifestaron contra el cambio climático; las coaliciones dirigidas por los pueblos de las naciones originarias que frenaron el avance de los conductos de combustibles fósiles en Canadá; los abogados y otras personas que el 29 de enero de 2017 se congregaron en los aeropuertos de Estados Unidos para protestar contra el veto musulmán.

Son los centenares de personas que, una semana después de los tiroteos de Christchurch, ciudad de Nueva Zelanda, se presentaron en Victoria (Columbia Británica) para proteger una mezquita durante las oraciones del viernes. Mi prima Jessica, que se contó entre ellas, explicó por escrito cuánto la había emocionado: «Al final, una vez terminadas las plegarias, cuando la gente de la mezquita salía a la calle, aquello parecía una boda, una celebración del amor y la alegría. Nos estrechábamos las manos, nos abrazábamos y hablábamos cortésmente unos con otros: musulmanes, judíos, cristianos, sijs, budistas, ateos...». No tenemos suficiente arte que nos haga ver y valorar esas bandadas humanas, aun cuando se encuentran a nuestro alrededor, aun cuando realizan la tarea más importante de la tierra.

Largo recorrido

Según la definición habitual, el presente es el instante entre el todavía no y el ya, un momento tan angosto y traicionero como un alambre de funambulista. Pero tal vez se prefiera definirlo como aquello que recuerdan quienes están vivos. Una versión del presente termina cuando la memoria viva da paso a la memoria transmitida o historia escrita..., cuando el último excombatiente de una guerra muere o una lengua pierde a sus últimos hablantes. Mientras esos testigos están a mano, el presente es más amplio de lo que parece.

Lo cual me lleva a Mary Elizabeth Philips, a quien conocí en 2014, el día en que cumplió noventa y ocho años. Vivaracha y sociable, nació en el sur del país, se trasladó a San Francisco en 1937, perdió a su primer marido, que murió en el sur del Pacífico durante la Segunda Guerra Mundial, estuvo felizmente casada otras dos veces y enviudó otras dos. Trabajó durante toda su vida: de contable, de anticuaria y de agente inmobiliaria sucesivamente. Cuando la conocí, sufría la amenaza de un desahucio; una sociedad de inversiones había comprado el edificio donde ella vivía y quería vaciarlo de inquilinos, de uno en uno.

El día de la fiesta de cumpleaños de Philips, amigos y miembros de la campaña por el derecho a la vivienda abarrotamos su modesto apartamento, repleto de antigüedades de Asia, fotografías y pequeñas notas que indicaban dónde se encontraban los enseres domésticos y cómo funcionaban. Su vecina, que había escrito esas notas y trabajaba en una escuela pública y se enfrentaba asimismo al desahucio, me había contado que a Philips le gustaban las fresas, de modo que llevé un pastel de merengue con fresas y menos velas de las necesarias. Sentada en una butaca de bambú en medio de la atestada sala, Philips, cuyo cabello formaba una nube etérea sobre su rostro vivaz, rememoró la ciudad que ella había conocido antes de la guerra y que yo nunca visitaré, si bien se convirtió en la ciudad donde he residido la mayor parte de mi vida (o, mejor dicho, las diversas ciudades llamadas San Francisco en las que he vivido son sus generaciones sucesivas).

Cada época tiene su temperamento, y una de las delicias de escuchar a Philips fue la alegría y el brío con que hablaba. El talante que transmitió al recordar su pasado —la impresión de que se había enfrentado con coraje y valor a cuanto se le había presentado— era en parte suyo, pero en parte también de toda su generación. Rio al contar que decía a los médicos que no necesitaba vacunarse contra la viruela porque de niña había superado la enfermedad. Aseguró la mar de contenta que durante la Gran Depresión había conocido a Bonnie y Clyde en una carretera de Texas y que solo los reconoció más tarde, por una fotografía de un periódico. Señaló con regocijo que las cortinas de oscurecimiento utilizadas durante la guerra eran verdes por dentro. Conoció a su tercer marido en una fiesta, cuando la silla de él se rompió; mientras el hombre yacía boca arriba en el suelo, ella se inclinó para preguntarle: «¿Juegas al bridge?». Él aceptó.

A menudo, sus anécdotas seguían un curso caprichoso, como si estuviera hojeando un álbum desordenado. En una de mis visitas posteriores, mientras me hablaba de su costumbre de pasar el rato en las librerías con sus amistades, de pronto se acordó de un libro que había prestado hacía décadas y que no le habían devuelto. De forma espontánea se extendió sobre el tema de la obra: Mary Ellen Pleasant, una empresaria y abolicionista negra del siglo XIX.

Pleasant fue una figura extraordinaria. Se dice que financió el ataque de John Brown a Harpers Ferry y que tras la guerra de Secesión luchó en los tribunales contra la segregación en los tranvías de San Francisco. Fue una empresaria de éxito en una época en que cabía esperar que tanto su raza como su género le impidieran desempeñar ese papel, y en los últimos años de su vida se vio envuelta en escándalos con miembros de la flor y nata de la sociedad blanca para quienes actuaba como persona de influencia y confidente.

No es de extrañar que a Pleasant le endosaran diversos estereotipos. Cuando se la consideraba una respetuosa criada de los blancos la llamaban «chacha»; cuando se la veía como un elemento peligroso en las aventuras amorosas y las transacciones financieras de los blancos era una siniestra sacerdotisa vudú. Si bien Philips la recordaba como una libertadora, el libro que había leído era una biografía de 1953 titulada *Mammy Pleasant*, que se regodeaba en ambos clichés. Puesto que Pleasant no era, como señala Lynn M. Hudson en una biografía más reciente, «un miembro destacado de un club, una esclava heroica, una madre sacrificada, una esposa abnegada o una diaconisa», se la excluyó del «catálogo de heroínas negras aceptables». Debido a su irreductible complejidad, a su incapacidad para encajar en las categorías habituales del bien y el mal, fue una personalidad en gran medida olvidada.

Escuchando en 2015 cómo una mujer nacida en 1916 elogiaba a otra nacida en 1814 sentí con gran intensidad el largo alcance del presente. Me pareció que la ciudad donde ambas residíamos era un lugar cargado de gestos que se solapaban, de personas que volvían la vista atrás y transmitían algo hacia delante, de la coherencia de un paisaje narrado.

Si bien al principio me sorprendió la aparición de Pleasant en las palabras de una anciana sobre un libro que había leído medio siglo antes, no tardé en percatarme de que el talento de Philips estribaba en coser los retazos. Sin duda, algo del presente sobreviviría y sería apreciado cuando, a su vez, se convirtiera en pasado.

Existen numerosas versiones del pasado como una edad de oro alcanzable solo mediante el embrutecimiento de una población minoritaria y la reafirmación de las viejas jerarquías. La exhortación de la campaña de Trump a «Que América vuelva a ser grande» es tan solo el más llamativo de los últimos ejemplos. Ese inquietante sentimentalismo sería un motivo para oponerse a recuperar el pasado, pero es igualmente un argumento a favor de un presente en el que el pueblo no esté tan privado de relatos históricos recientes como para aceptar ficciones y simplificaciones excesivas del pasado; es un argumento a favor de que haya más historia, no menos.

En la década de los noventa, el biólogo marino Daniel Pauly popularizó la expresión «puntos de referencia cambiantes» para describir la imposibilidad de evaluar con precisión el presente sin tener una noción clara del pasado. Un punto de referencia es un punto fijo desde el que se mide el cambio en un sistema antes de que este sufra un deterioro o una alteración espectacular; por ejemplo, la fecha en que solía producirse el deshielo antes de que se iniciara el cambio climático, o la población total de una determinada especie antes de que pasara a estar en peligro de extinción. El científico y cineasta Randy Olson lo explicó del siguiente modo:

Si conocemos el punto de referencia de un ecosistema degradado, podemos trabajar para restablecerlo, pero, si el punto de referencia cambió antes de que tuviéramos la oportunidad de registrarlo, tal vez acabemos aceptando un estado degradado como normal... o incluso como una mejora.

Este principio no se aplica solo en ecología. Si la historia y la memoria intergeneracional nos aportan puntos de referencia sociales y políticos, la amnesia nos vuelve proclives a sentir el presente como inevitable, inalterable o inexplicable. Genera fuerza y posibilidades recordar que los periodos de auge no duran, que las campañas como las que apoyó Pleasant pueden modificar el destino de un pueblo e incluso el de una nación, que nuestra forma de pensar sobre la raza, el género, la infancia y la edad cambia y que cualquiera que haya vivido unos cuantos años ha vivido transformaciones radicales. Lo que consideramos el pasado no está tan pasado. Conozco a personas que en su infancia trataron con personas nacidas en la esclavitud y que me recuerdan que esa atrocidad no es tan remota como para que no la tengamos en cuenta.

La tragedia del desahucio de Philips estribaba en la persecución de una anciana frágil y sumamente encantadora, pero ella no era ni mucho menos el único ser casi centenario al que se desalojaba; se expulsaba a poetas, historiadores, instituciones veneradas: un bar latino de travestis, un garito del centro de la ciudad que había sobrevivido a la ley seca, una histórica librería de clientela negra, tiendas de artículos de segunda mano que durante mucho tiempo habían prestado servicio a los más pobres. Los sustitutos de esos negocios suelen parecer desarraigados a propósito, empresas que promueven visiones de un futuro tan radiante que el pasado se pierde en las sombras. Airbnb, cuya sede se encuentra a algo más de dos kilómetros de la casa de Philips, ha ofrecido incentivos a propietarios de viviendas en alquiler y a especuladores para que reemplacen a los residentes de las grandes ciudades (así como de las pequeñas, y también de los pueblos y de las comunidades rurales) de todo el mundo por transeúntes adinerados, para que porciones cada vez mayores de las urbes se conviertan en sitios de recreo en los que nadie cuente con un punto de referencia de lo que fue el lugar en el pasado ni nadie se encargue de proteger lo que es.

El cambio resulta imperceptible si se mide en un espacio de tiempo demasiado breve; la gente confunde las particularidades del presente con verdades eternas. La imagen que me viene a la cabeza es la de un mapa en un teléfono móvil. Al tratar de orientarnos, o bien lo vemos en una escala tan pequeña que no nos proporciona los detalles, o bien estos aparecen tan grandes que falta el contexto..., o bien obedecemos ciegamente órdenes dictadas por un algoritmo que toma las decisiones por nosotros y nunca acabamos de captar del todo dónde estamos.

Cuando Emma Morano, oficialmente la última persona nacida en el siglo XIX, murió a los ciento diecisiete años, llamé a mi amigo Sam Green, que está rodando un documental por etapas sobre los cambiantes poseedores del título de la persona más anciana del mundo. Sam había filmado a diversas personas nacidas en el siglo XIX; a partir de ahora sus personajes serán hijos del XX. Con el fallecimiento de Morano, la centuria en la que ella había vivido unas cuantas semanas desapareció del horizonte como el sol del ocaso, y los últimos rayos de un presente declinante se convirtieron de manera irrevocable en pasado.

El siglo de Sojourner Truth y de Toro Sentado se halla fuera de nuestro alcance como recuerdo y experiencia humanos vivos, aunque sigue existiendo de manera indirecta. Morano nació el mismo año que mi abuela, fallecida en 1981. Fats Domino, que tiene la edad de mi madre, continúa viviendo en Nueva Orleans y mantiene las tradiciones musicales de dicha ciudad. Su abuela, que ayudó a traerlo al mundo, nació en la esclavitud antes de 1863 y vivió con el músico cuando era niño. La presencia de supervivientes de la esclavitud hasta entrado el siglo XX nos recuerda que, en la época anterior a la Segunda Guerra Mundial, otro periodo prebélico, el anterior a la guerra de Secesión, se hallaba también en casa. El pasado vive. Ensancha el presente: es como convertir un alambre de funambulista en una avenida por la que caminamos con mayor equilibrio, con espacio para que pase por nuestro lado más gente yendo y viniendo.

Cuando Sam y yo conversamos sobre las costumbres del pasado me habló de su amigo Chi-Hui Yang, estudioso del cine y programador cinematográfico. Hace varios siglos, un antepasado de Chi-Hui Yang escribió un poema de las generaciones: un poema tradicional en el que se ofrecen los nombres que deberán ponerse en las generaciones sucesivas; un conjunto de instrucciones para la posteridad. «Antes de que naciera mi primer hijo escribí una carta para pedirle a mi padre... que eligiera el nombre de la criatura», empieza, y a continuación se enumeran los nombres. David Spalding y su marido, Li Jianhui, que me tradujeron el poema, me explicaron que en general el significado es claro y que en él se establece el sistema familiar. En cambio, los nombres en sí no son tan transparentes: «Cada uno es como una poesía breve, escrita con los antiguos caracteres tradicionales, por lo que resulta difícil traducirlos».

La familia de Yang ha recorrido los versos a razón de un carácter por generación. Yang, que pertenece a la vigésima octava, comparte su nombre generacional, Chi, con sus hermanos y sus numerosos primos. Es como si el poema se hubiera convertido en una composición coral pronunciada tan lentamente que se tarda un mileno en recitarla; como si se pronunciara en voz alta a través de la vida de quienes llevan por nombre una palabra suya; como si ser una persona fuera tan solo ser un carácter del poema, y no el poema, el libro, la última palabra de algo o la primera. Implica un sentido de pertenencia que apenas si puedo imaginar, una pertenencia sin límites. A diferencia del árbol genealógico de un conocido mío cuya familia se remonta a la conquista normanda de Inglaterra, no es solo la reivindicación de un pasado de campanillas.

El poema es un documento vivo, y a lo largo del tiempo se han introducido cambios en él: el abuelo de Yang añadió unas cuantas palabras y, después de que durante generaciones se transmitiera solo a los varones, los padres de Yang pusieron el nombre a una hija. Por lo demás, la tradición se ha mantenido intacta. Irradiaba una potente noción de historia, del sitio de una persona en el tiempo, y evocaba un sentido de pertenencia y del lugar que me cuesta imaginar. La familia de Yang tuvo la confianza suficiente para creer que podía embarcarse en un proyecto que implicaría a ochenta generaciones, que podía colaborar con personas aún no nacidas, que era posible la continuidad en medio de cambios inconcebibles.

Tengo edad suficiente para ser depositaria de cómo eran las cosas antes: sé cómo era el mundo antes de los teléfonos móviles, antes de los ordenadores (por no hablar de internet), antes del sida, antes del tratamiento eficaz del sida, antes de la disolución de la Unión Soviética, antes de diversas victorias del feminismo que han cambiado la vida de las mujeres, incluida la mía. El carácter diferente del pasado, el recordatorio de que todo cambia, siempre me ha parecido liberador; saber que este momento pasará es una liberación. Ha habido y habrá otras formas de ser humano. Sin embargo, la pérdida que no es una evolución gradual, sino desalojo y eliminación, no es en absoluto liberadora.

Al final, Mary Elizabeth Philips ganó, pero la victoria sobre sus caseros fue agridulce. Los dueños la dejaron quedarse jugando con su esperanza de vida y obligaron a los demás inquilinos a marcharse. Murió a finales de 2016, poco después de cumplir cien años, tranquila en su casa pero sin vecinos cerca. Y la última vez que Yang y yo nos escribimos, él y su pareja buscaban la manera de incorporar el siguiente carácter del poema al nombre de su hija, nacida en el verano de 2017.

Hace poco visité una hilera de eucaliptos de los que Philips me había hablado. Yo tenía una vaga noción de la existencia de esos árboles, que se encontraban quizá a un kilómetro y medio de donde viví durante treinta años, pero nunca había ido a verlos. Los plantó Mary Ellen Pleasant, fallecida en 1904, delante de la mansión de tejado abuhardillado que compartió con una familia blanca con la que mantuvo una relación personal y financiera ambigua que luego se tornó hostil. Los arbolitos habían echado raíces antes de que los inmigrantes japoneses se trasladaran a la zona, antes de que se enviara a campos de internamiento a los japoneses estadounidenses y de que los reemplazaran los afroamericanos huidos del sur, antes de que la renovación urbana destruyera el vibrante barrio negro para sustituirlo por una autopista y urbanizaciones de edificios como cajas.

Resistentes y mudos, los eucaliptos iban de la época de Pleasant a la mía. Su longevidad parecía ensanchar el presente, ofrecer otras ideas de lo que significa la duración de la vida, en este estado donde algunos árboles viven milenios y los museos guardan secciones de troncos de secuoya con etiquetas donde figuran fechas de hace casi dos milenios. Los árboles de Pleasant pueden verse en una fotografía de la década de los veinte, más menudos y en forma de llama de vela, empequeñecidos por la mansión que se alzaba tras ellos. Noventa años después, los cinco que han sobrevivido poseen enormes bases nudosas, de varios decímetros de ancho, que empujan la acera hasta formar salientes en ella; estuve a punto de caerme al tropezar con uno. Los troncos están envueltos en tiras diagonales de corteza de color crema y gris. Muy por encima de mí, las hojas falciformes susurraban como la seda con la brisa que soplaba.

Cambio monumental
y el poder de los nombres

En la primavera de 2018, Nueva York retiró de Central Park una estatua del ginecólogo racista J. Marion Sims y, en otoño, anunció que se erigirá en Brooklyn una estatua de Shirley Chisholm, candidata a la presidencia en 1972 y la primera congresista negra. El 14 de septiembre de 2018, antes del amanecer, San Francisco retiró un detestable grupo escultórico que representaba a un indígena norteamericano dominado por un sacerdote y un vaquero españoles. En octubre, la ciudad puso el nombre de Harvey Milk, líder del movimiento por los derechos de los gais, a la terminal internacional del aeropuerto de San Francisco, y, el 7 de diciembre, celebró que Phelan Avenue, nombre asociado a las virulentas campañas antichinas de finales del siglo XIX, sea ahora Frida Kahlo Way.

En muchos estados se han derribado estatuas confederadas. En primavera se inauguró en Montgomery (Alabama) un inmenso monumento a las víctimas de linchamientos; este otoño, Atlanta cambió el nombre de Confederate Avenue y, este año, una campaña particular ha terminado de recaudar fondos para levantar en Chicago una estatua de Ida B. Wells, periodista y activista por los derechos civiles nacida en 1862 en la esclavitud.

Baltimore retiró unas estatuas confederadas el 16 de agosto y rebautizó una zona como Harriet Tubman Grove, con lo que literalmente cambió de bando en la guerra de Secesión, pasando del de los esclavistas Stonewall Jackson y Robert E. Lee al de la heroína más famosa del Ferrocarril Clandestino,* de quien en Auburn (Nueva York) se erigirá una estatua (la de Tubman instalada en el sur de Boston en 1999 fue el primer monumento que la ciudad dedicó a una mujer). Dallas derribó una de Lee, y lo mismo hizo Nueva Orleans en 2017, cuando retiró cuatro monumentos confederados en medio de polémica y amenazas. Jamás esperé ver lo que vi la primavera siguiente: el increíble espectáculo de la columna de dieciocho metros en el centro de Lee Circle sin la estatua de casi cinco metros de alto del líder confederado encima.

Algo profundo está cambiando. Las estatuas y los nombres no son en sí mismos derechos humanos, igualdad de acceso ni un sustituto de ambos, pero constituyen partes fundamentales del entorno construido: las que nos dicen quién importa y a quién se recordará. Amueblan nuestra imaginación y determinan el sentido del pasado que invocamos para decidir qué futuro elegimos y a quién valoramos y escuchamos en el presente. Este cambio tiene diversas repercusiones. A quién nos referimos al decir «nosotros» es decisivo para cualquier lugar, de modo que un monumento en honor de los pioneros y los asesinos de indios —de los que hay muchos en el oeste— cataloga a los pueblos indígenas como forasteros y enemigos. Un sitio que solo enaltezca a los

---

* Red clandestina de rutas, casas y personas que ayudaban a los esclavos negros a huir de las plantaciones del sur hacia el norte. El nombre se debe a que empleaban términos ferroviarios; por ejemplo, los escondites seguros se denominaban «estaciones». (N. de la T.).

hombres define a las mujeres como seres insignificantes. Lo primero que suelen hacer los colonizadores es rebautizar los lugares a los que llegan, y la descolonización siempre implica enmendar ese acto: los vencedores erigen estatuas de sí mismos y su versión de la historia. El cambio del paisaje público no es la causa de la profunda transformación que está produciéndose desde Alaska a Florida, sino su resultado. No es suficiente ni integral ni completo, pero sí un hermoso comienzo.

Acostumbramos a hablar de tales símbolos como si afectaran en primer lugar a la gente a la que reflejan, como si los beneficiarios principales de una escuela que lleve el nombre de la líder del movimiento por los derechos civiles Rosa Parks, por poner un ejemplo, fueran los niños negros, y en particular las niñas negras, pero esa representación también tiene importancia para quienes no son negros ni mujeres. Cuando vemos a hombres blancos enfadados e indignados por tener que compartir escenario con otras personas, contemplamos las consecuencias de su formación en un mundo centrado en los varones blancos. También es perjudicial para ellos. Podemos entender lo que está ocurriendo con el nombre de calles y plazas públicas como un equivalente más o menos del #MeToo y del #BlackLivesMatter: un cambio respecto a qué voces se escuchan y qué vidas importan.

En 2014 empezaron a instalarse en Canadá placas conmemorativas diseñadas por artistas de pueblos nativos en los sitios donde había habido internados en los que se maltrataba a los alumnos (o, mejor dicho, prisioneros) indígenas. Más recientemente se han retirado por todo el país estatuas de John A. MacDonald, pues no solo fue el fundador de la nación, sino también una figura destacada en el establecimiento de programas genocidas como el de los internados. En el Reino Unido, Londres ha incorporado a Parliament Square la primera estatua de una mujer. Por su parte, París se plantea bautizar más estaciones de metro en honor de mujeres (ya ha añadido el nombre de Simone Veil, superviviente de Auschwitz y ministra de Sanidad, a la estación antes conocida como Europe).

Al otro lado del canal del Norte, Dublín ha reescrito su pasado de manera más alegre, pues ya no conmemora crímenes y derrotas, sino su orgullo por haberse liberado del colonialismo británico. En la ciudad abundan los monumentos a los héroes y a algunas heroínas de la liberación de Irlanda y a personalidades de su literatura, pero la transición no fue siempre apacible. Se colocaron bombas en estatuas de reyes y administradores coloniales ingleses; se bajó de su pedestal una reina Victoria gigantesca que con el tiempo se envió a Australia. En 1966, cincuenta años después de que el alzamiento de Pascua diera inicio a la última batalla por la independencia de Irlanda, unos cuantos ciudadanos irlandeses volaron, en lo que denominaron Operación Humpty Dumpty, la inmensa estatua del almirante Nelson que durante mucho tiempo había dominado O'Connell Street, la principal avenida de Dublín.

La ancha arteria, que durante siglo y medio se había llamado Sackville Street en honor de un administrador colonial, se rebautizó en 1924 con el nombre de Daniel O'Connell, a veces conocido como el Emancipador o el Libertador. Por todas partes hay estatuas de escritores, en su mayoría varones; curiosamente, las iglesias han sido un lugar donde por lo general más se conmemora a las mujeres —como a las santas y a la Madre de Dios— en nombres e imágenes, razón por la cual una de las excepciones a la masculinidad de los topónimos de Norteamérica son los nombres de santa en español, como por ejemplo Santa Clara, Santa Rosa y Santa Bárbara en California, y también están los vientos de Santa Ana.

Es fácil conmemorar los crímenes ajenos frente al heroísmo de la tribu propia. En los últimos años, Irlanda se ha visto desgarrada por las revelaciones sobre abusos sexuales de mujeres y menores por parte de miembros de instituciones y del clero, por el virtual encarcelamiento de jóvenes solteras embarazadas en asilos de pobres dirigidos por monjas, por la inmensidad de su sufrimiento y por su eliminación de la sociedad tanto en vida como después de la muerte. En el condado de Limerick se instaló en 2015 un monumento a los menores maltratados en un internado; en Dublín se ha dado largas a las propuestas de erigir un monumento conmemorativo, pese a la recomendación formulada en un informe emblemático de 2009 y al medio millón de euros reservados para tal fin.

«En noviembre de 2013, el An Bord Pleanála denegó el permiso a un proyecto de construcción de un monumento conmemorativo en el Garden of Remembrance, en Parnell Square, en el distrito 1 de Dublín, con el argumento de que tendría un impacto negativo en el entorno, la naturaleza y la función del actual monumento dedicado a quienes murieron luchando por la libertad de Irlanda», informó el *Irish Times*, que así planteaba la pregunta de qué clase de libertades conmemoramos y las de quiénes.

En Estados Unidos, el cambio de la nación resulta ya evidente en el cambio de las características demográficas y de la distribución del poder. El treinta y nueve por ciento del grupo demócrata del 115.º Congreso no era de piel blanca —un uno por ciento más que en la población general—, aunque el cincuenta y uno por ciento de la población femenina sigue estando extremadamente infrarrepresentada. La elección de dos mujeres indígenas para el Congreso en los comicios de mitad de mandato de 2018 nos recordó la vergonzosa realidad de que eran las primeras. Pero no serán las últimas. Y era evidente que Andrew Gillum habría sido gobernador de Florida y Stacey Abrams gobernadora de Georgia sin la importante supresión de votantes. El Partido Republicano, que se desembarazó con mucho gusto de los votantes no blancos con su política de resentimiento blanco y racismo declarado, pierde a toda velocidad incluso a las mujeres blancas. «Hemos de abordar el problema de las mujeres de clase media porque es real», afirmó un preocupado Lindsey Graham tras las elecciones de noviembre.

Empiezan a alzarse voces nuevas, e ideas surgidas en los bordes van ocupando su lugar en el centro. Veintiún jóvenes han denunciado al Gobierno federal por el cambio climático en una demanda que debería seguir adelante el año que viene, y una niña sueca de quince años fue una de las voces más persuasivas en la cumbre del clima de 2018, celebrada en Polonia. Entre las gratas sorpresas de este año figuran las victorias de Alexandria Ocasio-Cortez, quien con su llegada da ímpetu al Green New Deal, que, entre otras cosas, es la capacidad de imaginar un cambio profundo y recibirlo con los brazos abiertos (y que, según indica un sondeo, un ochenta por ciento de la población apoya). Pese a la importancia del nacionalpopulismo, la juventud en su conjunto muestra posturas más progresistas respecto a la raza y la orientación sexual, y este verano una encuesta Gallup ha señalado que los estadounidenses de entre dieciocho y veintinueve años prefieren el socialismo al capitalismo. El cambio «representa un descenso de doce puntos en la opinión positiva sobre el capitalismo entre los jóvenes en los dos últimos años».

Durante mi infancia y adolescencia se daba por sentado que esta era una nación blanca y protestante, pero tanto la blanquitud como la religiosidad van a la baja. En 2012, el *New York Times* informó de lo siguiente: «Por primera vez desde que los investigadores empezaron a realizar un seguimiento de la identidad religiosa de los norteamericanos, menos de la mitad se ha declarado protestante, un descenso acusado respecto a hace cuarenta años, cuando las iglesias protestantes aseguraron contar con la fidelidad de más de dos tercios de la población». En diciembre de 2018, un artículo del *Newsweek* evidenciaba la profundidad del cambio: «La mediana de edad de los evangélicos blancos es de cincuenta y cinco. Solo el diez por ciento de los estadounidenses menores de treinta años se identifican como evangélicos blancos. El éxodo de jóvenes es tan veloz que los demógrafos predicen que probablemente los evangélicos dejarán de ser una fuerza política importante en las elecciones presidenciales antes de 2024».

Ese es, en parte, el sino del Partido Republicano a menos que se transforme en algo del todo distinto, lo que parece estar haciendo el otro principal partido..., no tanto por virtud desde dentro como por la llegada de nuevos participantes de fuera. Porque, aunque el porcentaje de evangélicos blancos no estuviera disminuyendo, la población no blanca crece y en menos de un cuarto de siglo será mayoritaria en todo el país, como ya ocurre en California. En los cambios de nombre y en los que afectan a quién y qué se conmemora en los lugares públicos cabe ver una sucesión de pequeñas victorias a favor de un punto de vista más inclusivo e igualitario, incluso a la sombra del régimen de Trump, que, desde esta perspectiva, es tan solo una reacción violenta contra el inevitable final de la era de la dominación de los varones blancos protestantes. En nuestro sistema electoral abundan las ventajas inherentes para ellos. El peso desproporcionado de los pequeños estados rurales, el colegio electoral de compromisarios, la manipulación de los distritos electorales y la supresión de votantes impiden que este nuevo Estados Unidos se exprese de forma adecuada en las elecciones, si bien la inmensa ola azul de noviembre superó muchos de los obstáculos...; en cualquier caso, esos cambios locales anuncian que no somos quienes éramos.

Vemos su importancia en las batallas libradas en torno a las estatuas confederadas. Aunque varios estados sureños han aprobado leyes con el fin de protegerlas, este año, Memphis ha encontrado un resquicio para desembarazarse de las de Jefferson Davis y Nathan Bedford Forrest, fundador del Ku Klux Klan, y uno de los puntos de la revuelta blanca de Charlottesville en 2017 fue el proyecto de retirar una estatua confederada. «No nos reemplazaréis», bramaba la turba, pero nosotros reemplazaremos sus estatuas, y ellos pueden acompañarnos o, como parece augurar el eslogan «Que América vuelva a ser grande», intentar que la historia retroceda. Podemos interpretar los conflictos sobre la representación como una batalla inconclusa de la guerra de Secesión y quizá como una derrota muy tardía de la Confederación.

Una escuela de enseñanza primaria de Berkeley que llevaba el nombre de Joseph LeConte, un racista dueño de esclavos, ahora homenajea a Sylvia Méndez, heroína de los derechos civiles, y hace unos años el Sierra Club cambió la denominación del LeConte Lodge del parque de Yosemite (LeConte fue un científico de la Universidad de California en Berkeley y uno de los fundadores del club). En Colorado y Montana se están reconsiderando hasta los nombres de las montañas, y el pico más alto del país, el monte Denali, en Alaska, recuperó su denominación indígena hace unos años, después de llevar durante casi ciento veinte el apellido del presidente McKinley, de quien también se retiró una estatua en el norte de California en protesta por su racismo.

Ver la extraordinaria transformación del paisaje público es apreciar que el mismísimo suelo que pisamos, las calles que transitamos y la gente a la que honramos están cambiando. Estamos sentando los cimientos de un lugar distinto, de una sociedad distinta, y, pese a la furia retrógrada de los centros de poder, este proceso generalizado no tiene visos de detenerse.

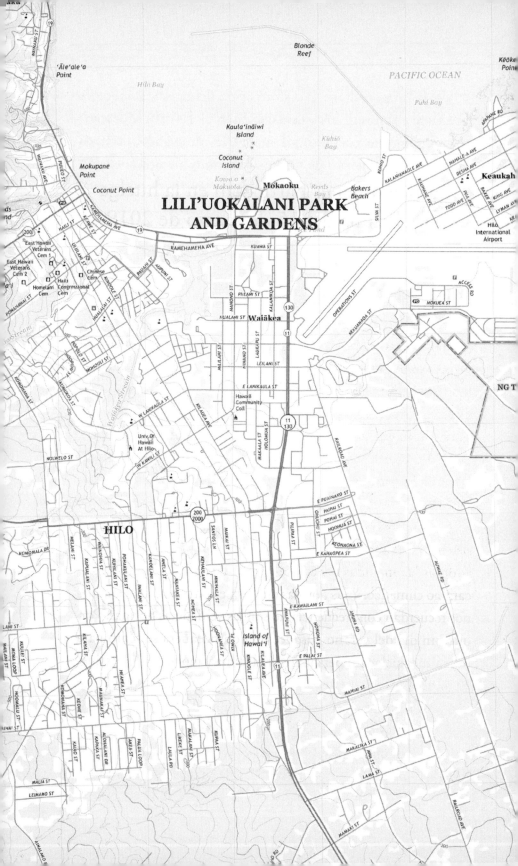

Carta a quienes participan en la huelga por el clima del 15 de marzo de 2019

A quienes participáis en la huelga por el clima de hoy quiero deciros esto: mil gracias por ser irrazonables. O sea, si «razonable» significa cumplir las normas, y si se supone que las normas son directrices sobre lo que es posible y lo que no lo es, entonces tal vez os digan que pedís algo imposible o irrazonable. No los escuchéis. No os detengáis. No rebajéis ni un ápice vuestros sueños. No olvidéis que quizá este sea el año y el día decisivos en que reescribiréis lo que es posible.

Los activistas por el clima piden un cambio radical en los sistemas de energía, dejar en la tierra los combustibles fósiles y adoptar las medidas adecuadas frente a la crisis planetaria del cambio climático. Y las normas que las personas reacias al cambio nos recuerdan con frecuencia no son las verdaderas normas. Porque, un día del verano pasado, una quinceañera se sentó para hacer una huelga unipersonal por el clima y muchos adultos querrían deciros que, según las normas, una quinceañera no puede salir sola de improviso para cambiar el mundo.

La sueca Greta Thunberg ya lo ha hecho.

Os dirán que, según las normas, las personas que veis en las noticias, los parlamentos y las salas de juntas poseen todo el poder, que debéis portaros bien con ellas y que quizá os den las migajas, o la hora, o con la puerta en las narices. Os dirán que los cambios se producen muy poquito a poco por los mecanismos previsibles. Se equivocan. En ocasiones no tenéis que pedir permiso, ni nada, porque poseéis el poder y decidís hacia qué lado se abre la puerta. Sin acción nada es posible, y casi todo lo es cuando nos levantamos juntos, como estáis haciendo hoy.

Os escribo con gratitud y entusiasmo como una persona que ha vivido casi seis décadas, tiempo suficiente para ver un cambio extraordinario. Para ver cómo lo que se había declarado imposible se materializaba una y otra vez. Para ver cómo caían regímenes cuando la gente corriente se levantaba mediante la acción directa no violenta. Para ver la espectacular expansión de los derechos tanto en las leyes como en el pensamiento. Para ver que lo que en el pasado eran ideas novedosas y radicales sobre el sexo, la orientación sexual y la raza, sobre la justicia y la igualdad, sobre la naturaleza y la ecología pasaban a ser ideas comunes y aceptadas..., y para luego ver que la gente olvidaba cómo había cambiado nuestra mente y hasta qué punto ese proceso era igualmente importante.

El mundo en el que nací ya no existe. Desde entonces, el papel de la mujer ha cambiado de manera extraordinaria, en gran medida a mejor. El imperio soviético se desmoronó de repente hace tres décadas, unos años después de que el Bloque del Este de los países comunistas se liberara mediante acciones de personas que creían carecer del poder necesario para derribar regímenes respaldados por enormes ejércitos y por la policía secreta. He visto desaparecer el apartheid en Sudáfrica y cómo un condenado a cadena perpetua se convertía en presidente de ese país. Nací en un mundo en el que ser gay, lesbiana o trans estaba penalizado y he visto cómo cambiaban las leyes y las actitudes a ese respecto en diversos estados, en mi país, Estados Unidos, y en otros muchos.

He visto cómo la energía solar y la eólica, caras, poco prácticas e ineficaces hace tan solo veinte años, se convertían en los recursos que nos permitirán dejar atrás la era de los combustibles fósiles. En el curso de mi vida he visto nacer un lenguaje con el que reconocer los sistemas ecológicos de la tierra, un lenguaje capaz de dar cuenta de que todo está conectado y todo tiene consecuencias. Estudiando lo que la ciencia nos enseña sobre la naturaleza y lo que la historia nos enseña acerca de las fuerzas sociales he llegado a captar la belleza y la fuerza de los hilos que nos conectan. He aquí un hilo: ¿quién dijo Greta Thunberg que había influido de manera decisiva en sus acciones? Rosa Parks.

Que una negra nacida en Tuskegee (Alabama) en 1913 influyera en que una niña blanca nacida en Suecia noventa años después pasara a la acción directa respecto al cambio climático nos recuerda que todo está conectado y que vuestros actos son importantes aun cuando los resultados no sean inmediatos ni evidentes. La forma en que Rosa Parks infringió las normas y vivió de acuerdo con sus ideales sigue siendo importante, sigue teniendo fuerza, sigue ejerciendo su influencia más allá de lo que ella habría imaginado, más allá de su vida, su continente, su área particular de activismo.

Las normas son las normas de lo obvio, las suposiciones a la ligera de que sabemos quién ejerce el poder, cómo se produce el cambio y qué es posible. Sin embargo, la verdadera lección que nos enseña la historia es que a menudo el cambio llega por caminos imprevisibles; que el poder puede estar de repente en manos de quienes nos parecen salidos de la nada. No vi venir a Thunberg, ni el Sunrise Movement, ni la Extinction Rebellion, ni el movimiento Zero Hour. El buen trabajo es importante. Actuar siguiendo nuestros ideales es importante. No siempre resulta evidente por qué lo es, y lo que se consigue no siempre es inmediato o directo.

«Me planteé por primera vez presentarme a las elecciones al Congreso en la reserva india de Standing Rock, en Dakota del Norte —declaró Alexandria Ocasio-Cortez poco después de que su increíble victoria de 2018 la convirtiera en la congresista más joven de la historia—. En ese crisol del activismo vi a la gente jugarse la vida [...] por personas a las que no conocían ni habían visto. Al verlo comprendí que tenía que hacer algo más».

Cuando, en 2016, LaDonna Brave Bull Allard y otros organizaron los campamentos para protestar contra el oleoducto de Dakota Access no podían ni imaginar algunas de las consecuencias indirectas de su acción..., entre ellas la de impulsar a una joven de Nueva York a presentarse a las elecciones. En la actualidad, Ocasio-Cortez representa en el Congreso al distrito 14 de Nueva York y más de noventa congresistas apoyan el Green New Deal que ella empezó a promover tras su victoria en las primarias del verano de 2018.

Simultáneamente, el Sunrise Movement se implicó en concienciar sobre el Green New Deal y fomentar su apoyo. Fundado en 2017 y dirigido por jóvenes, el Sunrise Movement se propone «detener el cambio climático y al mismo tiempo crear millones de empleos de calidad». Como Varshini Prakash, una de sus fundadoras, declaró hace poco en el *Huffington Post*, Sunrise intenta «movilizar a los millones de estadounidenses dispuestos a luchar por el Green New Deal, pero que aún no han oído hablar de él». Para mí, la súbita aparición de dicho movimiento en la política nacional fue aún más sorprendente y sensacional que la súbita proyección de Ocasio-Cortez. Nunca se sabe.

Por todas partes veo lo que denomino «impulso climático»: desde Nueva Zelanda a Noruega, la gente intensifica su respuesta al cambio climático. He visto bloquear oleoductos y gasoductos en Canadá y Estados Unidos; he visto cómo los inversores abandonaban la fracturación hidráulica y el carbón; he visto cómo universidades y planes de pensiones retiraban el capital invertido en combustibles fósiles; he visto cómo las centrales de energía solar y los aerogeneradores se extendían por todo el mundo y cómo los ingenieros trabajaban para que las tecnologías fueran mejores y más económicas; he visto demandar a petroleras y empresas del carbón; he visto cómo políticos, editorialistas de periódicos, empresarios y otras personas que con las normas habituales tienen poder se sumaban como no lo habían hecho hasta el momento. Están ocurriendo muchas cosas, en numerosos aspectos, en respuesta al mayor desastre a que se ha enfrentado nuestra especie.

Aún no es suficiente, pero sí una señal de que cada vez más personas se enfrentan a la catástrofe y hacen algo al respecto. Ignoro qué sucederá, porque sucederá lo que nosotros hagamos que suceda. Por eso se ha convocado hoy una huelga mundial por el clima.

Por eso he empezado a decir: No preguntéis qué pasará. Sed lo que pase.

Hoy sois lo que está pasando. Hoy se dejará sentir vuestro poder. Hoy vuestra acción es importante. Hoy tal vez estéis con unas cuantas personas o con centenares en vuestra acción individual, pero estáis con millones en todo el mundo. Hoy defendéis a personas aún no nacidas, y esos millones fantasmales también están con vosotros. Hoy sois la fuerza de posibilidades que corre por el presente como un río por el desierto.

Un abrazo,

Rebecca

Agradecimientos

En cierto sentido, este libro es la transcripción de mis intervenciones en los diálogos que he mantenido con la sociedad que me rodea a medida que esta experimenta cambios tumultuosos, con la victoria en batallas extraordinarias de los impulsores del cambio contra las fuerzas que intentan proteger las partes más negativas del statu quo mientras se desmorona. Es un libro nacido de la actividad sísmica provocada por el feminismo, la justicia racial, la acción por el clima y otros movimientos en defensa de los derechos humanos, por los cambios que experimenta el paisaje público hasta en el nombre de las calles y por la ruptura de antiguos marcos mentales.

Y la resistencia merece un agradecimiento en primer lugar. Gracias, feminismo; gracias, grupos por los derechos de los inmigrantes; gracias, cultura *queer*; gracias a Black Lives Matter, a quienes vigilan a la policía y a los abogados que presentan demandas en defensa de los vulnerables; gracias, compañeros manifestantes, residentes de campamentos de resistencia y personas que propiciasteis la ola azul de 2018, que llevó al Congreso un número inaudito de mujeres de color; gracias, activistas por el derecho al voto; gracias a los innumerables reporteros, periodistas, editorialistas y articulistas cuyo trabajo informa el mío; gracias a la defensa de los datos y del rigor. Gracias, activistas por el clima: 350.org, como de costumbre, Oil Change International, a cuya junta me siento orgullosa de pertenecer, Sunrise Movement, Greta Thunberg, indígenas que bloquean la construcción de oleoductos y gasoductos, Standing Rock, Green New Deal; gracias a las incontables acciones locales y a sus activistas, desde Jen Castle y Blake Spalding, del restaurante Hell's Backbone Grill, que se han enfrentado a la Administración Trump en Utah, hasta quienes rastrean cada uno de los gasoductos y oleoductos, fuerzan leyes positivas y salen en las noticias.

Y gracias a los directores y editores con los que he trabajado en muchos de estos artículos, en especial a Amana Fontanella-Khan y Charlotte Northedge, del *Guardian* (y a Katherine Viner, que está detrás de ellas); a Jonny Diamond y John Freeman, de *Lithub*; a Emily Cook y Katia Bachko, mis últimas directoras de *Harper's*, y a Chris Beha, que me introdujo en la revista hace años para que fuera la primera mujer en escribir de forma habitual la columna «Easy Chair» (inaugurada en 1851). Y a Niels Hooper, de University of California Press, donde «Ciudad de las Mujeres» se publicó por primera vez como parte de nuestro atlas de Nueva York de 2016, y a Michelle White, de la De Menil Collection, que me invitó a escribir sobre Mona Hatoum en el artículo incluido en este volumen.

Muchas gracias a Haymarket, con cuyo equipo —Anthony Arnove, Caroline Luft, Jesús Ramos, Jim Plank, Rachel Cohen— ha sido un placer trabajar una y otra vez: este es mi sexto libro con esta editorial modesta y poderosa que se mueve por sus ideales. Y a mi agente, Frances Coady.

A Erica Chenoweth y a L. A. Kauffmann, cuyos análisis del momento que vivimos me han resultado de especial utilidad; a Taj James por no perder jamás de vista la poesía en la política; a Jaime Cortez por los chupitos dobles de fe; a Sam Green por la alegría; a Ocean Vuong por recordarme que cada palabra importa; a Elena Acevedo y Dahlia Lithwick por la perspectiva y la pasión; a Conchita Lozano y su familia por numerosas manifestaciones conjuntas por las calles de San Francisco; a Chi-Hui Yang por confiarme su hermoso relato, y a David Spalding y Li Jianhui por traducirlo; a Mary Elizabeth Philips por mantener la fe. A las personas que cambian las palabras, desde las expresiones relativas a la crisis climática hasta los nombres de calles y escuelas; a quienes acuñan vocablos que nos permiten describir realidades novedosas de maneras nuevas; a Kimberlé Crenshaw por acuñar *interseccional*, que en mi imaginación geográfica siempre evoca las intersecciones de las calles de las ciudades; a Daniel Pauly por «puntos de referencia cambiantes», y a Chip Ward, cuya expresión «tiranía de lo cuantificable» cito a menudo.

Y a los jóvenes que me infunden esperanza y a los muy jóvenes que me proporcionan alegría.

Permisos

En las siguientes publicaciones aparecieron versiones previas de estos artículos:

«¿De quién es este relato (y este país)?» se publicó en *Literary Hub* el 18 de abril de 2018.

«Nadie sabe» se publicó en el número de marzo de 2018 de *Harper's*.

«Creen que pueden intimidar a la verdad» se publicó en *Literary Hub* el 17 de julio de 2018.

«El prejuicio inconsciente se presenta a la presidencia» se publicó en *Literary Hub* el 30 de abril de 2019.

«La supresión de votantes empieza en casa» se publicó en el *Guardian* el 19 de noviembre de 2018.

«Las mentiras se convierten en leyes» se publicó en el *Guardian* el 3 de junio de 2019.

«La caída de los hombres se ha exagerado mucho» se publicó en *Literary Hub* el 17 de septiembre de 2018.

«Querida Christine Blasey Ford: Es usted un terremoto bienvenido» se publicó en el *Guardian* el 1 de octubre de 2018.

«Que no cese este torrente de relatos de mujeres» se publicó en *Literary Hub* el 14 de noviembre de 2017.

«El problema del sexo es el capitalismo» se publicó en el *Guardian* el 12 de mayo de 2018.

«Sobre el trabajo de las mujeres y el mito del monstruo del arte» se publicó en *Literary Hub* el 12 de diciembre de 2017.

«Causar furor» se publicó en el *New Republic* el 24 de septiembre de 2018.

«Si yo fuera hombre» se publicó en el *Guardian* el 26 de agosto de 2017.

«Pasar más allá» apareció en *Terra Infirma: Mona Hatoum*, publicado por Menil Collection, Houston, y distribuido por Yale University Press.

«Ciudad de las Mujeres» se reproduce por cortesía de University of California Press.

«Largo recorrido» se publicó como «Now and Then» en el número de septiembre de 2017 de *Harper's*.

«Cambio monumental y el poder de los nombres» se publicó en *Literary Hub* el 26 de septiembre de 2018.

«Carta a quienes participan en la huelga por el clima del 15 de marzo de 2019» se publicó en el *Guardian* el 15 de marzo de 2019.

Índice

APERTURAS

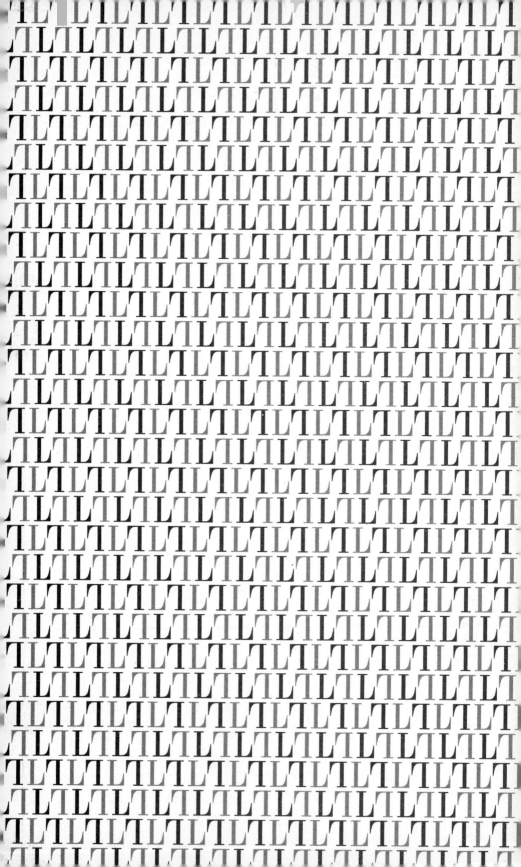